AS UTOPIAS DE MICHAEL LÖWY

reflexões sobre um marxista insubordinado

AS UTOPIAS DE MICHAEL LÖWY
reflexões sobre um marxista insubordinado

❡

ENSAIOS DE

Alfredo Bosi – Carlos Nelson Coutinho – Emir Sader – Flávio Aguiar
Isabel Loureiro – Leonardo Boff – Luiz Eduardo Wanderley
Marcelo Ridenti – Maria Elisa Cevasco – Maria Orlanda Pinassi
Michael Löwy – Olgária Matos – Osvaldo Coggiola
Ricardo Antunes – Roberto Schwarz – Valério Arcary
Wolfgang Leo Maar – Zilda Márcia Grícoli Iokoi

❡

ORGANIZAÇÃO DE
Ivana Jinkings e João Alexandre Peschanski

Copyright desta edição © Boitempo Editorial, 2007

COORDENAÇÃO EDITORIAL	Ivana Jinkings
EDITORES	Ana Paula Castellani João Alexandre Peschanski
ASSISTENTE EDITORIAL	Vivian Miwa Matsushita
EDIÇÃO DE TEXTO	Igor Ojeda (preparação) Leticia Braun (revisão)
DIAGRAMAÇÃO	Raquel Sallaberry Brião
CAPA	David Amiel
PRODUÇÃO GRÁFICA	Marcel Iha

Crédito das imagens:
Arquivo pessoal de Michael Löwy (p. 145-8 e 150-2)
Divulgação (p. 149)

CIP-BRASIL. CATALOGAÇÃO-NA-FONTE
SINDICATO NACIONAL DOS EDITORES DE LIVROS, RJ

U94

As utopias de Michael Löwy : reflexões sobre um marxista insubordinado / organizadores Ivana Jinkings e João
Alexandre Peschanski ; autores Leonardo Boff...[et al.]. -
São Paulo : Boitempo, 2007.
   il.

Apêndice
ISBN 978-85-7559-098-0

1. Löwy, Michael, 1938-. 2. Socialismo. 3. Comunismo.
4. Teologia da Libertação. I. Jinkings, Ivana. II.
Peschanski, João Alexandre.

07-3754.	CDD: 320.531
	CDU: 321.74

Todos os direitos reservados. Nenhuma parte deste livro pode ser
utilizada ou reproduzida sem a expressa autorização da editora.

1ª edição: outubro de 2007

BOITEMPO EDITORIAL
Jinkings Editores Associados Ltda.
Rua Euclides de Andrade, 27   Perdizes
05030-030 São Paulo SP
Tel./fax: (11) 3875-7250 / 3872-6869
editor@boitempoeditorial.com.br
www.boitempoeditorial.com.br

SUMÁRIO

APRESENTAÇÃO 9
Ivana Jinkings e João Alexandre Peschanski

PREFÁCIO 15
Leonardo Boff

PARTE 1

ANOTAÇÕES SOBRE UMA BELA SINGULARIDADE 19
Ricardo Antunes

NA CONTRAMÃO DA NANOSSOCIOLOGIA 25
Maria Orlanda Pinassi

HISTÓRIA E REVOLUÇÃO 31
Valério Arcary

PARTE 2

INTELECTUAIS E ENGAJAMENTO 43
Maria Elisa Cevasco

    ANEXO: O QUE É ANTICAPITALISMO? 53
    Raymond Williams

A DIALÉTICA DA INSERÇÃO SOCIAL DOS INTELECTUAIS 57
Wolfgang Leo Maar

MICHAEL E ROSA 69
Isabel Loureiro

WALTER BENJAMIN: OS USOS DO TEMPO 77
Olgária Matos

PARTE 3

DA ESQUERDA CRISTÃ À TEOLOGIA DA LIBERTAÇÃO 87
  Alfredo Bosi

O PINTOR E O MIRANTE 101
  Flávio Aguiar

AS UTOPIAS ROMÂNTICAS 107
  Zilda Márcia Grícoli Iokoi

UTOPIA E UMA VISÃO DA TEOLOGIA DA LIBERTAÇÃO 117
  Luiz Eduardo Wanderley

PARTE 4

O MARXISMO NO BRASIL 129
  Carlos Nelson Coutinho

O SURGIMENTO DO MARXISMO NA AMÉRICA LATINA 137
  Osvaldo Coggiola

PARTE 5

AOS OLHOS DE UM VELHO AMIGO 155
  Roberto Schwarz

APOLOGIA DA MILITÂNCIA REVOLUCIONÁRIA 161
  Emir Sader

ROMÂNTICO E ERRANTE 167
  Marcelo Ridenti

APÊNDICE

O CAPITALISMO COMO RELIGIÃO: WALTER BENJAMIN E MAX WEBER 177
  Michael Löwy

SOBRE MICHAEL LÖWY 191

SOBRE OS AUTORES E OS ORGANIZADORES 193

APRESENTAÇÃO

Ivana Jinkings e João Alexandre Peschanski

Um marxista insubordinado. Embora possa parecer redundância, o subtítulo desta coletânea de ensaios sobre a trajetória e a obra de Michael Löwy não serve, nos dias de hoje, de epíteto a muitos dos que se auto-intitulam marxistas. O intelectual aqui retratado sabe, como poucos, explorar a potencialidade libertária do marxismo. Não vergando diante das dificuldades, persevera na luta pela construção do socialismo com firmeza de caráter e coerência ideológica raras.

Por isso as idéias de Löwy podem soar provocadoras aos que se acomodaram à ordem, aos que optaram pela interpretação pragmática – para não dizer preguiçosa – da realidade, aos que se escondem atrás das minúcias encarceradoras da academia, aos que sucumbiram à desilusão e ao niilismo. Somente homens providos do espírito insubordinado do autor que homenageamos sabem enfrentar com dignidade os revezes de uma vida dedicada a tão gigantesca tarefa.

Em sua obra e militância, Löwy casa insistentemente a crítica à dominação do capital com a construção de um sistema alternativo, o socialismo. Publicou dezenas de livros, traduzidos em quinze idiomas, nos quais cria e recria o sentido libertário legado por Karl Marx. Não se abstém de enfrentar questões – pungentes – freqüentemente desconsideradas pela esquerda, por exemplo, a relação entre *marxismo e religião*, tema de um de seus estudos já tornado clássico sobre a Teologia da Libertação na América Latina[1]. Sua presença nos debates sobre *socialismo e ecolo-*

---

[1] Michael Löwy, *A guerra dos deuses: religião e política na América Latina* (Petrópolis, Vozes, 2000).

[2] Idem, *Ecologia e socialismo* (São Paulo, Cortez, 2005).

gia o torna um dos nomes-chave do ecossocialismo[2]; e, ao adentrar a polêmica questão da revolução latino-americana, costura o pensamento de incontáveis personagens históricos em uma antologia tão eclética quanto obrigatória[3].

A originalidade teórica de Löwy surge no uso dos autores que debate: não os recita, "espreme-os" analiticamente para entender suas contradições e sua profundidade. Busca apreender-lhes os conceitos a fim de captar as inquietações e os desafios da atualidade. Dispensa-lhes o tratamento reverenciado aos clássicos, da mesma forma que lhes reconhece a dimensão militante com a qual discute os rumos do marxismo. Entre esses autores estão Marx, Rosa Luxemburgo, Georg Lukács, Walter Benjamin e Lucien Goldmann. Emblema de sua análise indisciplinada, mas sistemática e densa, é a *mise en scène* do duelo intelectual entre Marx e o barão de Münchhausen, forma bem humorada que encontrou para passear pelas diversas definições de ideologia[4].

A metodologia lowyana é antidogmática, atitude que mediatiza sua destemida crítica – pela esquerda – de autores canonizados, entre os quais inclui o próprio Marx. Para Löwy, sobressaem em Marx uma problemática ilusão acerca do Estado e a ausência de preocupação ecológica. Criticar esse segundo aspecto, diz, "põe em questão toda a doutrina de progresso, toda a concepção da história a partir do desenvolvimento das forças produtivas, ou seja, elementos centrais em termos de marxismo, sobretudo de um certo marxismo que, para resumir numa frase, eu chamaria de 'marxismo do Prefácio de 1857'"[5]. Löwy salienta a necessidade de uma revisão do marxismo, no sentido de estimular sua radicalidade contraposta ao capitalismo. Mas adverte: "A maior parte das críticas ou das proposições de revisão que hoje se fazem a Marx vai na direção contrária, tentam diluir a radicalidade e reconciliar Marx com a modernidade capitalista"[6].

O marxismo insubordinado de Löwy se traduz em sua própria trajetória de vida e militância. Nasceu em 6 de maio de 1938, na cidade de São Paulo, em uma família de judeus que imigrou para o Brasil na década de 1930. À conversão religiosa prefere o comunismo. Tal opção ele carrega para a formação acadêmica – desde o ingresso no curso de Ciências Sociais na USP em 1956 – e para suas intensas atividades políticas. Sobre o período na USP sintetiza: "a militância polí-

---

[3] Idem, *O marxismo na América Latina: uma antologia de 1909 aos dias atuais* (São Paulo, Fundação Perseu Abramo, 1999).

[4] Idem, *As aventuras de Karl Marx contra o barão de Münchhausen* (São Paulo, Cortez, 1994).

[5] "Um intelectual marxista: entrevista com Michael Löwy", concedida a Ângela de Castro Gomes e Daniel Aarão Reis, publicada em *Tempo*, vol. 1, n. 2, Rio de Janeiro, 1996, p. 166-83. Disponível em: www.historia.uff.br/tempo/entrevistas/entres2-1.pdf.

[6] Idem.

APRESENTAÇÃO   11

tica estava no centro dos meus interesses, ao lado de outra descoberta que fiz nessa época, o surrealismo"[7]. Em 1961, parte para fazer seu doutorado na França, sob a orientação de Goldmann. Estuda a questão da revolução no jovem Marx. Três anos depois, instala-se em um kibutz em Israel, país no qual viveu por quatro anos. Atraído pelos eventos de 1968, decide voltar para a Europa. Amigos desaconselham seu regresso ao Brasil – onde poderia ser preso pela repressão do regime militar. Na França, que acolhe levas de militantes e intelectuais brasileiros, participa ativamente dos núcleos de oposição às ditaduras na América Latina. Ingressa no Centro Nacional de Pesquisas Científicas (Centre National de la Recherche Scientifique – CNRS) e, como pesquisador, mantém até hoje a atitude de intelectual militante.

A militância de Löwy faz dele um elo de fundamental importância entre inúmeros grupos políticos de esquerda dos dois lados do Atlântico. Sua personalidade aberta, tolerante e avessa às freqüentes rupturas entre os marxistas faz com que atue nos mais diversos fóruns de debate pela coesão e pela construção do socialismo. Torna-se, portanto, um interlocutor fundamental no cenário das esquerdas no Brasil e no mundo.

◆ ◆ ◆

A importância de sua trajetória e de sua obra que levou à escolha de Löwy como tema do II Seminário Margem Esquerda, realizado em 2005, que marcou os dez anos de fundação da Boitempo Editorial e o lançamento do sexto número da revista *Margem Esquerda – Ensaios Marxistas*. O evento, organizado por uma comissão da qual fizeram parte Emir Sader, Isabel Loureiro, Marcelo Ridenti, Maria Elisa Cevasco e Maria Orlanda Pinassi, além dos membros do Comitê de Redação da *Margem Esquerda* Danilo Cerqueira Cesar, Gustavo Moura e Rodrigo Nobile, contou com o apoio da Capes; do Instituto Rosa Luxemburgo, na pessoa de Gert Peukert; da direção da FFLCH-USP, na pessoa de Sedi Hirano; dos departamentos de Sociologia da Unicamp e da Unesp de Araraquara; do Programa de Estudos Pós-Graduados em Ciências Sociais da PUC-SP; do Instituto da Cultura Árabe, na pessoa de sua fundadora, Soraya Smaili; da Casa Socialista de Cultura e Política, na pessoa de Daniela Jinkings; e de José Chrispiniano, responsável pela divulgação do evento.

Intitulado "As aventuras de Karl Marx contra o barão de Münchhausen: a obra indisciplinada de Michael Löwy", o seminário ocorreu de 27 de setembro a 5 de outubro de 2005, em quatro universidades paulistas. Na USP, houve três dias de

---

[7] "Michael Löwy", entrevista concedida a Ivana Jinkings e Emir Sader, publicada em *Margem Esquerda – Ensaios Marxistas*, n. 4, São Paulo, Boitempo, out. 2004, p. 9-20.

discussão. Em 27 de setembro, foram organizadas as mesas "Marx e a sociologia do conhecimento", com a presença de Francisco de Oliveira, Leda Paulani e Maria Orlanda Pinassi, e "Lukács, Marx e os intelectuais revolucionários", da qual participaram Isabel Loureiro, Maria Elisa Cevasco, Ricardo Antunes e Wolfgang Leo Maar. No dia seguinte, ocorreram os debates "Messianismo, Romantismo e utopia", com Jeanne-Marie Gagnebin, Jorge Grespan e Marcelo Ridenti, e "Teologia da Libertação", com Alfredo Bosi, Flávio Aguiar e Zilda Márcia Grícoli Iokoi. No último dia, Carlos Nelson Coutinho, Fernando Martínez Heredia e Osvaldo Coggiola participaram da discussão "Marxismo na América Latina" e Emir Sader, Gabriel Cohn e Roberto Schwarz da mesa "Trajetória de Michael Löwy". Olgária Matos e Paul Singer, que haviam se disposto a participar do evento, não puderam comparecer.

Em 30 de setembro e 3 de outubro, ocorreu um debate com o tema do II Seminário Margem Esquerda na PUC-SP e na Unesp de Araraquara, respectivamente. Participaram do primeiro evento João Machado, Lúcio Flávio de Almeida, Luiz Eduardo Wanderley, Marcelo Ridenti e Teresinha Bernardo. No outro estiveram presentes Leda Paulani, Maria Orlanda Pinassi e Valério Arcary. Em 5 de outubro, Francisco Foot Hardman, Jeanne-Marie Gagnebin e Marcelo Ridenti integraram a mesa "Messianismo, Romantismo e utopia" na Unicamp.

Dedicamos o II Seminário Margem Esquerda à memória do jornalista, livreiro e dirigente comunista Raimundo Jinkings, cujos dez anos de morte se completaram no mês seguinte ao da realização da jornada. É dele o nome da editora original (fundada em Belém, Pará, no fim dos anos 1960), Boitempo, inspirado num poema de Drummond. Sem seu apoio decisivo e generoso a editora não teria sido refundada. A ele dedicamos também este livro, *As utopias de Michael Löwy*, em que se refletem justamente a rebeldia e o espírito transformador tão necessários à transição.

◆ ◆ ◆

Dezenove ensaios compõem esta obra, incluindo o Prefácio, um anexo (uma resenha de Raymond Williams que acompanha o texto de Maria Elisa Cevasco) e um apêndice (um artigo do próprio Löwy). Seguindo a dinâmica do seminário sobre a obra lowyana, criamos cinco grupos de textos, de acordo com os temas abordados pelos autores.

No Prefácio, Leonardo Boff homenageia Löwy como um dos mais importantes intelectuais vivos e destaca dois aspectos essenciais em sua obra: o resgate e a recriação. Resgate, por ele investigar a tradição libertária da Europa central e da América Latina e o Romantismo como visão do mundo. Recriação, por propor, a partir de elementos do marxismo, o ecossocialismo como questão estratégica para a emancipação humana.

APRESENTAÇÃO

A primeira parte do livro reúne artigos de três autores: Ricardo Antunes, Maria Orlanda Pinassi e Valério Arcary. Eles discutem as especificidades do método científico de Löwy, como a crítica ao stalinismo, a construção teórica na contramão de uma "nanossociologia" em voga e a compreensão das condições subjetivas – a disposição autolibertadora dos trabalhadores – na análise das transformações sociais.

O papel do intelectual marxista é o mote da segunda parte do livro. Maria Elisa Cevasco discute a análise lowyana sobre a formação de Lukács como pensador revolucionário. Ela introduz ainda uma resenha de Williams, anexada a seu texto, sobre o livro *Georg Lukács – do Romantismo ao bolchevismo*, de Löwy. Wolfgang Leo Maar trabalha os dilemas dos pensadores marxistas: inseridos no capitalismo, mas críticos ao sistema. Com destaque às questões da construção do socialismo como possibilidade objetiva e da aliança entre os povos do Terceiro Mundo, Isabel Loureiro traça a evolução da reflexão de Löwy sobre os escritos de Rosa. Olgária Matos analisa a relação entre felicidade, tempo e memória em Benjamin.

A terceira parte é dedicada à contribuição lowyana aos estudos da Teologia da Libertação. Alfredo Bosi discorre sobre as influências que essa visão da religião toma do socialismo cristão europeu e seu papel na construção de movimentos populares na América Latina. A aproximação entre marxistas e teólogos da Libertação é o tema dos ensaios de Flávio Aguiar e Zilda Márcia Grícoli Iokoi. Luiz Eduardo Wanderley investiga os impactos teóricos e práticos da Igreja dos Pobres na luta dos oprimidos.

Carlos Nelson Coutinho e Osvaldo Coggiola escrevem sobre a análise lowyana da América Latina, na quarta parte do livro. O primeiro aponta a importância do homenageado nesta coletânea para a difusão do marxismo no Brasil, revelando fases na incorporação dessa corrente de pensamento no meio intelectual brasileiro. O segundo discute a ascensão do movimento operário latino-americano entre o fim do século XIX e o início do seguinte.

A quinta parte traz ensaios sobre a singularidade intelectual e militante do homenageado deste livro. A partir da experiências que partilharam desde a infância, Roberto Schwarz analisa a relação entre os espíritos surrealista e socialista de Löwy e sua disciplina em todas as realizações. Emir Sader enfatiza a importância de Löwy por sua prática intelectual vinculada à militância revolucionária, caso raro entre os marxistas brasileiros, freqüentemente afastados das práticas políticas. Marcelo Ridenti debate a formação da identidade do sociólogo homenageado, forjada na confluência entre as raízes européias, judaicas e brasileiras, além da formação acadêmica indissociável da militância política.

O livro se encerra com um ensaio do próprio Löwy. Em "O capitalismo como religião: Walter Benjamin e Max Weber", ele interpreta um excerto de Benjamin, salientando que as relações capitalistas se fundamentam em uma dinâmica cultual, em que, por exemplo, o pobre se sente *culpado* por não conseguir enriquecer. De certo modo, esse precioso ensaio sintetiza a contribuição lowyana para o marxismo: inventividade, rigor na análise de outros autores e compromisso com o socialismo.

PREFÁCIO
Leonardo Boff

Michael Löwy é um homem de muitos mundos: do Primeiro (vive na França), do Segundo (fez uma opção socialista), do Terceiro (nasceu no Brasil e possui aqui muitos laços), do mundo da pesquisa, do compromisso transformador, da religião dos pobres e da libertação. E sabe uni-los em sua vida e pensamento.

Sua vasta obra merece ser estudada e aprofundada, pois traz contribuições de notável atualidade para o momento histórico em que vivemos, sob a crise do socialismo e do marxismo e sob a penosa dominação globalizada do capital. Suas características principais são o resgate e a recriação. Resgata a complexa tradição emancipatória e libertária da Europa central e da América Latina, com ênfase ao legado judaico, com nomes que vão de Marx, Heine e Freud a Bloch, Goldmann e Benjamin. Os estudos sobre o Romantismo como visão de mundo e sua crítica à sociedade burguesa em nome de outra percepção da natureza (não como mero meio de produção, mas como realidade viva que poderíamos qualificar de pré-capitalista, mas que eu chamaria de ecológica) são clássicos e de referência permanente.

Löwy dedicou todo um livro, *A guerra dos deuses: religião e política na América Latina*[1], ao Cristianismo da Libertação da América Latina e suas afinidades e influências na tradição marxista. Valorizando a obra do grande socialista/marxista peruano José Carlos Mariátegui, esse livro mostra que os ideais da revolução e da libertação não são monopólio da tradição marxista. Podem ser e são ideais também de um extrato significativo do cristianismo que tomou a sério

---

[1] Petrópolis, Vozes, 2000.

a herança do Jesus histórico, o carpinteiro e camponês mediterrâneo que optou pelos pobres e lutou contra sua pobreza.

O que ocorreu e ainda ocorre nos porões da sociedade latino-americana, e que pode ser generalizada para a sociedade-mundo, é uma verdadeira guerra de deuses. De um lado, o Deus do mercado e do capital, que procura criar um sentido derradeiro à vida e às populações famintas de bens, frustrando-as continuamente. De outro, o Deus vivo da tradição judaico-cristã, que desmascara aquele Deus como falso – e, por isso, como ídolo –, que toma partido pelos pobres e excluídos e se materializa num processo político de libertação.

Raramente temos lido uma síntese tão orientadora do que ocorre nas igrejas e no pensamento latino-americano comprometido como a presente nessa obra de um acadêmico magistral.

Löwy tem se ocupado com a ecologia, não como tema entre outros, mas como estratégia para a emancipação humana que inclui a natureza e o planeta inteiro. Apresenta o ecossocialismo como uma ética radical, no sentido de descer às raízes da perversidade que a todos afeta. Propõe uma mudança radical de paradigma, uma transformação revolucionária. Aproveita, para tal, todos os elementos acumulados pela tradição marxista e faz deles uma releitura criativa.

Eis a segunda característica da obra intelectual de Löwy: a capacidade de recriação imaginativa. Sua abordagem, por mais fundada nos textos críticos e seus contextos, nunca é positivista, mas hermenêutica. Sabe que ler é sempre reler; e entender implica também, e sempre, interpretar. Seu objetivo é municiar o leitor com categorias, visões, conceitos e sonhos para melhor entender o presente e fundar um engajamento político-transformador, na linha da tradição socialista e radicalmente democrática.

Por essa razão, cada livro é inspirador e revela-nos como as perguntas radicais levantadas pelos clássicos do pensamento emancipatório e revolucionário são sempre atuais. Situar as respostas em seus devidos contextos pode ser iluminador para tempos obscuros e de grande indigência criativa como os de hoje. Em tudo o que Löwy produz se percebe, com *esprit de finesse*, uma fé inquebrantável na dignidade dos oprimidos, no futuro da liberdade e na função político-redentora da tradição libertária da modernidade e da herança judaico-cristã.

Por isso, é um companheiro fiel de tantos que estão na caminhada, nos movimentos sociais como o dos sem-terra, nos partidos de esquerda e dos militantes das igrejas que optaram pela libertação das massas destituídas em nome de sua fé bíblica. Com todos esses, entretém uma afinidade eletiva que funda uma verdadeira comunidade de destino.

Petrópolis, junho de 2007

PARTE
1

PART
I

ANOTAÇÕES SOBRE UMA BELA SINGULARIDADE
Ricardo Antunes

São muitos os méritos de Michael Löwy: erudição, densidade, seriedade, engajamento, rigor intelectual e assumida postura militante. Mesmo quanto labora com alto nível de abstração, seus olhos estão de algum modo voltados para a humanidade que trabalha.

Sua *ópera* política tem sentido forte: é emancipadora, libertária e transformadora. Sabe cultivar a pluralidade e a diversidade nas esquerdas. Domina a teoria com ampla desenvoltura e navega na empiria sem receios. Obra "indisciplinada", que se redescobre e se descortina a cada novo empreendimento, num leque temático que impressiona pelo sentido diverso, vário e refinado.

Sua produção intelectual generosa, teórica e politicamente, é capaz de articular temas que durante muito tempo foram obstados pelas esquerdas, considerados tabus, desvios, quando não, descaminhos. Vou, então, indicar tão-somente alguns exemplos da vasta riqueza e amplitude dos estudos de Michael.

Posso começar por sua reflexão sobre marxismo e teoria da libertação, que é emblemática. Ele vem exercitando há tempos uma sugestiva reflexão acerca das diversas e necessárias confluências (teórico-políticas e práticas) entre os movimentos de inspiração socialista e/ou marxista e aqueles que se fundamentam no cristianismo de esquerda, como a Teologia da Libertação.

Esta, como sabemos, é a mais radical crítica *religiosa* à miséria do mundo real. Se ela tem como fundamento uma *ontologia* de corte teológico, está sedimentada em uma *epistemologia* de esquerda e tem um entendimento do mundo real fortemente inspirado em Karl Marx, o que lhe confere vitalidade, energia, densidade material e forte impulsão social. E oferece, nesse plano, uma possibilidade real, imperiosa e necessária, de soldar laços profundos entre o cristianismo de esquerda e os movimentos de inspiração marxista na América Latina, uma vez que esses movimentos sociais e políticos têm muito a contribuir para a nossa emancipação social.

Michael vive no Norte do mundo, mas mantém profundos laços com os povos do Sul. Se pudesse usar uma síntese (quase irônica), diria: é um intelectual brasileiro dotado de fino rigor teórico (quase europeu!), mas forte *alma latino-americana*. Refinado e solidário.

Vou, agora, para uma segunda anotação, que me parece uma das fontes vitais de sua singularidade: Michael é quase uma exceção, pois encontra inspiração tanto no (jovem) Georg Lukács quanto na verve de Leon Trotski. Traço que deixa os mais sectários, de lá e de cá, um pouco desconcertados. Esse denso empreendimento nos parece possível somente para os marxistas generosos, dos quais Michael é figura exemplar.

Portanto, não poderia ser mais justa esta homenagem de nossa *Margem Esquerda*. Estamos diante de um autêntico garimpeiro de tantas minas teóricas (aparentemente soterradas e inférteis). E esse garimpo intelectual é um de seus mais fortes méritos. Exemplifico com uma recente descoberta de nosso marxista singular. Ele revela que, "entre os escritos de Marx, há um documento muito pouco conhecido; trata-se de 'Peuchet: vom Selbstmord', peça composta de passagens traduzidas para o alemão de *Du suicide et des ses causes*, um capítulo das memórias de Jacques Peuchet"[1]. Segundo Michael, trata-se de um texto especial, distinto da obra marxiana mais geral.

Por vários motivos: "não se trata de uma peça escrita pelo próprio Marx, mas composta, em grande parte, de excertos, traduzidos ao alemão, de outro autor [Peuchet]"[2]. Este "não era economista, historiador, filósofo nem socialista, e sim um antigo diretor dos Arquivos da Polícia sob a Restauração!"[3]. Sua temática trata de "uma coleção informal de incidentes e episódios, seguidos de alguns comentários"[4], e seu eixo está voltado para o universo da vida privada, e, em particular, do suicídio, existindo uma prevalência feminina nos casos estudados, o que permitiu a Marx fazer notas seminais sobre as múltiplas e complexas transversalidades existentes entre gênero e opressão: "a principal questão social discutida, em relação ao suicídio é a opressão das mulheres nas sociedades modernas"[5].

---

[1] Michael Löwy, "Um Marx insólito", em *Sobre o suicídio* (trad. Rubens Enderle e Francisco Fontanella, São Paulo, Boitempo, 2006), p. 13.
[2] Idem.
[3] Idem.
[4] Idem.
[5] Ibidem, p. 14.

O interesse de Marx pelo capítulo de Peuchet, afirma Michael, encontra-se na possibilidade de exercitar a crítica radical da sociedade burguesa, da qual o suicídio, em particular o feminino, é expressão. Por isso, o pequeno texto, sempre segundo Michael, "é uma *das mais poderosas peças de acusação à opressão contra as mulheres* já publicadas"[6]. (Dos quatro exemplos tomados, três são mulheres e somente um suicídio é masculino.) O patriarcado e a tirania familiar estão no centro causal dos casos estudados. O que o leva a concluir que:

> o ensaio de Marx/Peuchet – seja dos excertos selecionados, seja dos comentários do tradutor, inseparavelmente (pois não são separados por Marx) – constitui um protesto apaixonado contra o patriarcado, a sujeição das mulheres – incluídas as "burguesas" – e a natureza opressiva da família burguesa. Com raras exceções, não há nada comparável nos escritos posteriores de Marx.[7]

Faço, por fim, uma terceira nota, acerca de seu diálogo crítico com Lukács, tomando aqui como referência seu livro *Para uma sociologia dos intelectuais revolucionários*[8]. O capítulo mais polêmico nesse excelente livro é aquele que trata das complexas relações entre Lukács e o stalinismo, especialmente depois de 1928. É imperioso começar recordando que as formulações são sempre muito cuidadosas e fortemente documentadas. Mas, como Michael é, por excelência, um espírito aberto que convida ao diálogo e ao debate, esboço aqui uma nuança crítica.

Sua tese central é a de que Lukács teria se convertido *com reservas e reticências ao stalinismo*. Minha nuança pode ser desse modo indicada: Lukács aceitou um postulado teórico-político central de Stalin – a teoria do *socialismo num só país* – e teve nesse equívoco, entre tantas companhias, até mesmo a de outro excepcional marxista ocidental, Antonio Gramsci. Essa aceitação não poderia deixar de macular o marxismo de Lukács, ao menos no que concernia à União Soviética e seus múltiplos desdobramentos. Nossa crítica vai no sentido de indicar que a ação de Lukács, mesmo quando parcial e limitada, foi de combate ao stalinismo. A meu juízo, insuficiente, dada a concordância com a tese central do *socialismo num só país*. Mas esse combate sempre se manteve, à sua maneira, por longo período e de vários modos.

---

[6] Ibidem, p. 18. Grifos do original.

[7] Ibidem, p. 19.

[8] Idem, *Pour une sociologie des intellectuels révolutionnaires: l'évolution politique de Lukács 1909-1929* (Paris, PUF, 1976). No Brasil, foi publicado com o título *Para uma sociologia dos intelectuais revolucionários* (São Paulo, Ciências Humanas, 1979). Uma segunda edição foi denominada *A evolução política de Lukács: 1909-1929* (São Paulo, Cortez, 1998).

E, se Lukács – e não só ele, como vimos – aceitou, *ao menos parcialmente*, a tese de Stalin[9], sua postura ético-política, em consonância com a adesão citada, foi sempre de *defesa intransigente do socialismo na União Soviética*, diante dos tantos fetichismos e manipulações presentes nas sociedades capitalistas. Ele chegou, até, a recusar o refúgio no mundo ocidental, uma vez mais coerentemente com sua postura ético-política, a ponto de dizer que "o pior socialismo seria melhor que o melhor capitalismo".

Se por hipótese, porém, não houve socialismo – tese com a qual o limite de Lukács não o permitiu compartilhar –, a sua postura ético-política de *defesa do socialismo diante do capitalismo* se reduziu ao apoio à União Soviética e, injustamente, à "adesão ao stalinismo". Tragicamente, Lukács permaneceu, pelo menos até 1968, defendendo um *socialismo realmente inexistente*, para glosar os termos. Mas isso me parece diferente de aceitar ou aderir ao stalinismo.

Aqui, é preciso fazer uma outra anotação importante: se tantas figuras de vulto no marxismo do século XX aceitaram a tese equívoca do *socialismo num só país*, Trotski foi a mais corajosa exceção crítica, dela decorrendo uma postura ético-política muito distinta daquela assumida por Lukács. Tal posicionamento o obrigou a exilar-se da União Soviética, de onde foi expulso (e depois assassinado) pela barbárie staliniana. E, nesse ponto particular – que, entretanto, é decisivo –, Trotski estava correto.

Lukács, ao contrário, exacerbou a defesa ético-política do socialismo na União Soviética, amplificada pelo advento da barbárie nazifascista. Se isso não me parece justificar a sua ação, deve ajudar a compreender a tragédia desse verdadeiro *Galileu do século XX*, tanto em sua grandeza quanto em seu limite.

Se Lukács se recusava a ver sua obra de algum modo instrumentalizada pelo capitalismo ocidental – veja a recusa em publicar obras críticas no Ocidente, especialmente *História e consciência de classe* –, sua ação de combate ao stalinismo foi o combate possível (e limitado) por sua crença na tese do *socialismo num só país*. Pagou, por isso, um preço muito alto, que não se pode confundir com nenhuma forma de conivência ou resignação ao stalinismo. O equívoco de fundo foi sua diagnose sobre a vigência e possibilidade do socialismo na União Soviética. Na condição de exilado húngaro, vale acrescentar, condenado à morte em seu país.

---

[9] Uma leitura da sua última obra de maturidade, *Ontologia do ser social* (São Paulo, Boitempo, no prelo), mostra que Lukács combateu vivamente a tese staliniana da conversão da Revolução Russa em modelo de classicidade. Suas pistas acerca do "socialismo de tipo asiático" vão na mesma direção.

Isso me leva, nesta última parte de minha apresentação, a exemplificar um pouco seus principais combates ao stalinismo. De início, externo minha concordância com a tese de Michael de que, no fim da vida, em seus escritos de 1968, Lukács retomou vários pontos de sua crítica presente em sua juventude. Mas lembro também que, em suas "Teses de Blum", de 1928, recusou-se a aceitar e respaldar a tese staliniana que concebia a socialdemocracia como aliada do nazismo. Estava, uma vez mais, na justa companhia de Gramsci e em sintonia com uma tese que também era de Trotski. Não se encerrava aqui, porém, a oposição de fundo de nosso filósofo húngaro à dogmática reinante durante o stalinismo.

Em *O jovem Hegel*, por exemplo, concluído em 1938, na fase mais bárbara do stalinismo e dos Processos de Moscou[10], Lukács recuperava a filosofia de Hegel, *satanizado* pelo stalinismo e concebido pela dogmática russa como precursor do nazismo. Externava, então, tese radicalmente contrária à oposição simplória, vigente na União Soviética naqueles *anos de chumbo*, entre materialismo (vulgar) e idealismo.

Em *A destruição da razão*, publicado em 1954, sua oposição entre *razão* e *irracionalismo*, tese em tudo e por tudo contrária à oposição simplória entre materialismo e idealismo, atingia o âmago do stalinismo, que Lukács considerava um fenômeno que, ao comportar elementos de irracionalismo, tangenciava o limite da *razão* e a vigência da *irrazão*. Suas indicações a esse respeito, presentes nos diálogos sobre "Pensamento vivido" (seu esboço autobiográfico do final da vida), são elucidativas. Mas, para poder publicar esses dois livros, em plena era Stalin, Lukács teve de render as "homenagens" formais ao governante soviético (ainda que para combatê-las).

Em sua conhecida "Carta sobre o stalinismo", apesar de um documento visivelmente insuficiente, recusa-se a compreender o fenômeno no restrito campo do "culto à personalidade". Mas, em seus escritos de 1968, Lukács avançou analiticamente, explorando, pela primeira vez, ao que eu saiba, a hipótese de conceber o "caso russo" como uma modalidade do "socialismo de tipo asiático" (conforme seu texto "Lenin e os problemas da transição", escrito a propósito da republicação de seu pequeno livro de 1924, sobre Vladimir Lenin). Como sugestão, penso que se possam encontrar pontos de contato entre a tese do "socialismo de tipo asiático" de Lukács e a crítica de Trotski ao socialismo "atrasado", bem como sua formulação acerca do *modo de produção asiático*.

---

[10] Esse livro, originalmente sua tese de doutorado pela Academia de Ciências soviética, foi publicado muito depois, em 1948, na Suíça, e em 1954, na Alemanha.

Se, no plano do *socialismo num só país*, Lukács não pôde fazer a crítica radical ao experimento russo, em outros planos sua contribuição foi seminal, de que é exemplo sua identificação da teorização staliniana (e stalinista) como expressão de dada modalidade de *positivização* do marxismo (como se pode ver especialmente no volume I de sua *Ontologia do ser social*). Nessa mesma obra, como já indicamos anteriormente, a crítica à tese da classicidade da Revolução Russa também é contundente. Como também o é a formulação que atribui ao stalinismo a prevalência do *taticismo*, que submete a teoria aos imperativos da pragmática.

Por fim, sua retomada à importância da democracia dos conselhos – bem lembrada por Michael –, e a condenação às invasões da Hungria – da qual ele foi vítima – e da Checoslováquia, enfeixam sua condenação ao stalinismo (antes e depois da morte de Stalin).

Pode-se alegar a insuficiência desse aparato crítico, como de certo modo o faz seu ex-aluno e colaborador mais iminente, István Mészáros. Podem-se, no entanto, encontrar nos estudos de Nicolas Tertulian, o mais qualificado estudioso da obra lukacsiana (especialmente em sua maturidade), pistas e mais pistas da oposição lukacsiana ao stalinismo.

Talvez Michael, marxista generoso, quase trinta anos depois da publicação de seu belo livro, possa ver algum sentido nessas indicações, feitas por um lukacsiano que admira Trotski, a nosso especial, rico e singular *trotskista lukacsiano*.

NA CONTRAMÃO DA NANOSSOCIOLOGIA
Maria Orlanda Pinassi

> *O proletariado [...], classe universal cujo interesse coincide com o*
> *da grande maioria da humanidade e cujo objetivo é a abolição*
> *de toda dominação de classe, não é obrigado a ocultar*
> *o conteúdo histórico de sua luta.*
> Michael Löwy[1]

Desde os primeiros escritos sobre economia política de Marx não pode ser novidade para ninguém que o grande objetivo do sistema de produção capitalista é submeter a classe trabalhadora aos seus imperativos de produzir e acumular capital. E, para atingir tal meta, o capitalismo vem utilizando os mais diversos expedientes, de meios visivelmente repressivos às mais escusas trapaças ideológicas.

Ainda no começo dessa história, porém, os trabalhadores do campo e das cidades acreditaram no poder de libertação que a burguesia prometia não somente para si, mas para toda a humanidade. Eram os tempos denominados por Hegel de epopéia burguesa, período em que havia universalidade na luta da burguesia.

Foi acreditando nisso que os trabalhadores se engajaram na luta, tendo participação decisiva tanto em 1789 como em 1830 para derrubar o antigo regime francês. O que não podiam esperar, porém, é que tão rapidamente a universalidade dos ideais iluministas se convertesse na particularidade mesquinha e privilegiada da burguesia. Nem esperavam que os princípios democráticos e republicanos, tão caros ao liberalismo clássico, fossem prontamente substituídos pelas políticas autoritárias da monarquia constitucional e do bonapartismo.

É esse o período que inaugura toda uma era de traições e saques contra a classe trabalhadora, que, por sua vez, vai tomando consciência do seu papel antagonista, seu papel de classe criada para gerar a riqueza daquela sociedade e não para beneficiar-se dela, muito menos ser classe-para-si.

---

[1] Michael Löwy, *As aventuras de Karl Marx contra o barão de Münchhausen* (São Paulo, Cortez, 1998), p. 199.

O mais recente golpe contra ela vem sendo protagonizado por um de seus mais legítimos representantes da contemporaneidade. Trata-se de uma figura que ganhou expressividade não só no âmbito da luta de classes nacional, mas que ao longo dos anos obteve visibilidade internacional. Isso dá uma dimensão aproximada do estrago causado e das conseqüências profundamente negativas que a luta dos trabalhadores sentirá ainda por muito tempo.

Se a decepção com a queda do socialismo de tipo soviético fez muito "revolucionário" de primeira linha migrar para o lado oposto, imagina-se que outra leva decepcionada com o "companheiro Lula" vai acabar fazendo o mesmo. E todos, aliados aos mais encruados e tradicionais anticomunistas, farão coro para dizer que o episódio representa a prova cabal de que o marxismo e a alternativa socialista, fundados na potencialidade revolucionária das classes trabalhadoras, nunca passaram de um grande blefe. Assim, o presidente operário seria o golpe de misericórdia que faria as esquerdas – desmoralizadas e mortalmente feridas – sumirem definitivamente do mapa.

Há muito tempo, porém, a história vem mostrando que, para cada revés sofrido, a alternativa socialista reinventa novas formas de confronto contra a ordem dominante. E, segundo Marx, a força capaz de renovar a tenacidade e a criatividade da luta viria do recrudescimento da exploração capitalista. Ou seja, para ele, seriam as próprias condições materiais, sempre inovadas e vertiginosamente dinâmicas da exploração, que atualizariam a necessidade de romper com elas. E a única classe capaz de construir a universalidade da emancipação era e, apesar de todas as adversidades, continua sendo o proletariado.

Por isso, vou recorrer, de modo mais ou menos livre, a uma passagem particularmente inspirada que se encontra na apresentação ao sexto número da revista *Margem Esquerda*: "Para os pregoeiros da sempre anunciada e nunca concretizada morte definitiva do marxismo, nossa revista [e tudo o que está acontecendo neste seminário] representa uma pequena, modesta, mas eloqüente má notícia"[2].

Começo ressaltando que, entre as muitas derrotas e decepções que temos vivido, os dez anos da Boitempo representam uma vitória, não somente do projeto de Ivana Jinkings e de toda a equipe que direta ou indiretamente a vem acompanhando, mas também das esquerdas no Brasil e na América Latina, do socialismo internacional.

Foi no decorrer dessa história que nasceram a idéia e a concretização da revista *Margem Esquerda – Ensaios Marxistas*, um projeto que começou tímido, vingou e parece ter fôlego para uma vida ainda bastante longa.

---

[2] Ivana Jinkings, Apresentação à *Margem Esquerda – Ensaios Marxistas*, n. 6, São Paulo, Boitempo, set. 2005, p. 11.

Outra prova de que Marx e o marxismo permanecem ainda muito vivos é ver esse auditório lotado e atraído pelas idéias sempre instigantes e irreverentes de Michael Löwy. Pode-se até não concordar inteiramente com elas, mas é impossível não reconhecer seu autor como um dos marxistas mais atuantes na crítica contra os efeitos devastadores do capitalismo em seu atual estágio de acumulação.

Para abordar as contribuições que ele deu ao tema desta mesa – "Marx e a sociologia do conhecimento" –, em primeiro lugar, eu gostaria de ressaltar que nunca Marx esteve tão afastado da sociologia como nos últimos tempos. Imagino que o fenômeno se repita em outras áreas, mas, se há uma que julga tê-lo superado, é a sociologia. Diga-se de passagem que a sociologia superou Marx, a luta de classes, as contradições sociais, as ideologias e outras tantas "bobagens" que o alemão qualificou de modo tão trágico. O resultado é que nunca se viu tamanha renúncia à crítica e nunca se viu a crítica ser tão criticada.

Outro fenômeno muito em moda na sociologia é a potencialização de seu especial talento para a autofragmentação e para a especialização cada vez mais acentuada do sociólogo. Tudo dentro do mais novo padrão de produtividade e objetividade científica, que suponho por isso não ser mais possível denominar todas as especialidades microssociologias. *Nanossociologia* seria mais adequado, assim como são cada vez mais nanicos os seus efeitos.

Nessa toada, a sociologia vem atingindo a perfeição do seu sentido conservador originário: o de reconciliar as consciências com a realidade aparente, imediata, uma realidade que estabelece uma relação dialeticamente pobre com o sociólogo, que abdicou da crítica e da possibilidade de constituir horizontes mais largos. Ele se ufana da sua estreiteza.

Na contramão dessa tendência, Löwy compôs uma obra abrangente, rigorosa, crítica, rebelde e, por isso mesmo, indisciplinada. Seu trabalho acaba funcionando como um instrumento poderoso contra a neutralidade axiológica e todas as formas possíveis de apologia positivista que se impõem de modo cada vez mais autoritário por todos os poros da vida acadêmica. Alguns pontos de sua sociologia crítica merecem ser destacados.

O mais importante deles se refere à relação entre ideologia e ciência fundamentada na realidade da luta de classes. Sem maiores digressões a respeito, o argumento destrói a falácia da ideologia única.

Para elaborar sua argumentação, Löwy segue caminho oposto ao dos teóricos apologéticos, que tendem a minimizar o papel da Revolução Francesa justamente para neutralizar o papel das classes trabalhadoras, cuja radicalidade foi decisiva para o seu sucesso.

Aí entra o segundo ponto importante. Ele considera a Revolução Francesa o ponto de inflexão que mudou todo o curso da história e estabeleceu novos condicionamentos sociais; o *momento predominante* em que a burguesia abandona a perspectiva crítica e revolucionária e passa a adotar uma visão de mundo conservadora.

Isso provocou uma mudança substantiva no sentido ideológico das teorias burguesas. E todos sabemos que a sociologia surge como uma necessidade do processo de consolidação da hegemonia burguesa.

Em Marx, a relação entre a teoria burguesa e os condicionamentos sócio-históricos, tomando a Revolução Francesa como ponto de inflexão essencial, pode ser observada em várias das suas obras, desde os *Manuscritos de 1844*[3] até *O capital*[4]. Essa perspectiva histórica aparece quando ele trata da mudança teórica do sentido clássico para o apologético (vulgar), tendente às soluções conciliatórias, ecléticas, ao invés de enfrentar as contradições. Esse é o viés pelo qual ele faz a crítica da economia política; da dissolução do hegelianismo; da mudança da interpretação da história da Revolução por membros da Escola Histórica da Restauração, como François Guizot e Adolphe Thiers, convertidos em ministros de Estado.

É por intermédio desse conceito dialético característico da filosofia da história de Marx – por sinal, herdado de Hegel – que Löwy critica os dilemas insolventes do que denomina princípios da carruagem e as escaramuças do barão de Münchhausen. Ou seja, ele faz a crítica das teorias apologéticas que afirmaram, defenderam o indefensável, esconderam de si mesmas que outra classe assumira a dianteira revolucionária.

Além de Marx, são muito fortes as influências de Lukács (*História e consciência de classe*, 1923[5]) e de Mannheim (*Ideologia e utopia*, 1929[6]) sobre seu pensamento. Não entrarei no mérito da presença do jovem Lukács em sua obra, tema que será debatido em uma das mesas deste evento. Mas, sobre a influência de Mannheim, gostaria de chamar a atenção para um aspecto em particular a respeito das formas de representação da burguesia, conforme seus conceitos. Como classe revolucionária, sua visão de mundo foi utópica; como classe conservadora, é ideológica.

Estou inteiramente de acordo com Löwy quanto à mudança de sentido da sua perspectiva de classe e das implicações disso sobre as suas formas de representação.

---

[3] Karl Marx, *Manuscritos econômico-filosóficos* (São Paulo, Boitempo, 2004).
[4] Idem, *O capital* (Rio de Janeiro, Civilização Brasileira, 1998).
[5] Georg Lukács, *História e consciência de classe* (São Paulo, Martins Fontes, 2003).
[6] Karl Mannheim, *Ideologia e utopia: introdução à ideologia do conhecimento* (Rio de Janeiro, Guanabara, 1986).

Mas, se bem compreendi os seus conceitos, não concordo com a interpretação tão-somente negativa de ideologia, algo que emana de uma classe apenas com o objetivo de manipular e forjar a falsa consciência.

Sem dúvida, também considero que a ideologia se constitui na luta de classes, mas penso que igualmente a classe revolucionária produz ideologia; no caso, uma ideologia de negação do existente. Somente no momento em que a classe revolucionária conseguir desvencilhar-se do seu papel defensivo em relação à classe opressora e puder desfrutar de alguma liberdade auto-referenciada é que poderá construir utopias sobre o devir sem o controle dela. Isso significa que ideologias de negação e utopias (negação da negação) coexistem e constituem duas dimensões de um mesmo processo de luta.

De tudo isso, porém, posso afirmar que, mesmo discordando em alguns aspectos de Löwy, considero fundamental o fato de que, ao discutir os caminhos geralmente enfadonhos da sociologia do conhecimento, ele traz à tona a importância da utopia libertária, essa dimensão esquecida e muitas vezes maltratada pelas esquerdas. Refundar o debate sobre a utopia significa refundar o debate sobre a liberdade do homem de voltar a sonhar com um mundo radicalmente diferente.

A grandeza de Löwy é que ele conduz esse debate não para o terreno do devaneio, da fuga da realidade; pelo contrário, ele restitui a realidade da utopia que deve significar *enfrentamento*. Enfim, para ele, o sonho da classe revolucionária aparece como uma *possibilidade objetiva* forjada nas necessidades impostas pela luta de classe, e também como necessidade material e espiritual das classes que vislumbram o reino da liberdade.

Assim, a leitura de sua obra nos leva a pensar no lamentável episódio PT/Lula, que não pode ser visto como um fracasso das esquerdas, mas um importante e grave sintoma da falsa consciência acometida por um líder operário deslumbrado com o poder a ele atribuído pelo capital. Conseguir enxergar tal fato nessa sua verdadeira faceta pode significar, positivamente, a queda de uma poderosa trincheira conciliatória do capital, que mantém as classes trabalhadoras na defensiva e manietadas à mesa de negociação. Mais uma traição do capital; mas, superada a decepção, trata-se de encarar o episódio como uma libertação.

Não seria este o momento, então, de construir as bases afirmativas da revolução, de uma utopia que represente de fato uma ruptura radical com o mundo do capital?

HISTÓRIA E REVOLUÇÃO

Valério Arcary

> *Toda ciência implica uma escolha. [...] As visões do mundo das classes*
> *sociais condicionam, pois, não somente a última etapa da pesquisa*
> *científica social, a interpretação dos fatos, a formulação das teorias,*
> *mas a escolha mesma do objeto de estudo.*
> Michael Löwy[1]

A variada obra teórica de Michael Löwy revela, até pela escolha de seus temas de investigação, compromisso com uma práxis emancipatória e com uma pesquisa inventiva. Inspirado na herança político-programática construída por Leon Trotski (aquela que melhor resistiu aos desenlaces sombrios das experiências de transição ao socialismo do século XX), alimentou-se de um marxismo enriquecido, entre outros, por Rosa Luxemburgo e Antonio Gramsci, Georg Lukács e Ernst Bloch, Walter Benjamin e Herbert Marcuse, e de leituras críticas de inúmeros autores não marxistas, para interpretar os desafios da luta dos trabalhadores e seus aliados.

A revolução política e social foi o fenômeno histórico novo mais significativo do século XX, e não surpreende, portanto, que os marxistas que não sucumbiram às pressões sociais hostis tenham-lhe dedicado atenção. Em nenhuma outra época da história as classes populares recorreram com tamanha freqüência aos métodos revolucionários para resolverem suas crises. A aceleração histórica das transformações, uma das previsões visionárias de Marx, foi vertiginosa. Encontrou pela frente, contudo, em proporção impensável há cem anos atrás, uma força de resistência social e reação política que a humanidade, até então, desconhecia – a expressão mais dramática da contra-revolução política e militar do capitalismo no século XX foi o nazifascismo, nos trágicos anos 1930, mas esteve longe de ser a única. A publicação, ainda em 1970, de *A teoria da revolução no jovem Marx* revela o interesse de Löwy na pesquisa de um marxismo crítico e independente: sensível às novas experiências de luta dos trabalhadores, mas engajado no res-

---

[1] Michael Löwy, *Método dialético e teoria política* (Rio de Janeiro, Paz e Terra, 1975), p. 17.

gate da obra dos clássicos; obstinado na defesa dos combates dos explorados e oprimidos, mas adversário do dogmatismo estéril.

A longevidade do capitalismo, na aurora do século XXI, não diminui a importância dos processos revolucionários que desafiaram as relações sociais dominantes em quatro vagas sucessivas: entre 1917 e 1923, na Europa do leste e central, em especial na Alemanha depois da vitória da Revolução Russa; na seqüência da crise de 1929, na Europa do Mediterrâneo, principalmente na Espanha e na França entre 1936 e 1937; depois da, talvez, mais espetacular vitória da revolução mundial no século passado, a que provocou a desintegração do exército nazista em Stalingrado e nas montanhas da Grécia, Itália e França, onde *partigiani* (no caso do segundo) e maquis comunistas (no caso do terceiro), com armas nas mãos, incendiaram a vontade de lutar de seus povos contra os fascistas, e abriram caminho, também, para a descolonização na Ásia e na África; e, finalmente, nos anos que se seguiram ao maio francês de 1968. Por mais de uma vez, o destino do capitalismo esteve seriamente ameaçado. Revoluções anticapitalistas triunfaram na Rússia dos czares no fim da Primeira Guerra Mundial e, nos Bálcãs, no final da Segunda Guerra; a ocupação do exército russo levou à expropriação burguesa no Leste Europeu; a maior revolução camponesa da história venceu na China, e seu impulso favoreceu vitórias anticolonialistas na Coréia e no Vietnã. Por último, mas não menos importante, na pequena e corajosa Cuba a ditadura de Batista foi derrotada, e, com ela, a burguesia compradora gusana. Essas vitórias nacionais – portanto, parciais – não impediram, entretanto, que o imperialismo mantivesse a supremacia mundial e fosse vitorioso – porque o que não avança recua –, logrando desviar, conter, congelar e derrotar os sucessivos assaltos da revolução mundial à fortaleza do capital.

As sociedades contemporâneas sempre se atrasaram, em maior ou menor medida, em relação à maturidade das condições objetivas que exigiam sua transformação. A solução das crises sociais e políticas pressupõe mudanças que podem vir pela via de revoluções ou reformas. As transformações podem ocorrer tanto por meio de rupturas sociais provocadas pelas mobilizações de massas quanto pela via política negociada de pactos – ou, ainda, podem ser adiadas, mas não indefinidamente. A percepção subjetiva da gravidade da crise esteve sempre defasada em relação à gravidade da situação que se deteriora, enquanto, na luta de classes, a hora do confronto é postergada e se ganha tempo, porque se procura uma posição mais favorável. A relação de forças sociais entre as classes dominantes e as exploradas flutua de acordo com a maior ou menor disposição de luta, da experiência histórica acumulada e da qualidade da organização popular. Aquilo que se demonstrou intolerável em uma sociedade foi aceitável em outras. As revoluções tardias, aliás, foram as mais radicais. As mudanças realizadas por meio de reformas preventivas estabeleceram como padrão que as concessões negociadas pelas classes proprietárias só se concretizariam como uma tentativa de impedir o perigo de revoluções. Aquelas nações onde as classes dominadas foram incapazes de impor as transformações, e onde as dominantes foram mais obstinadas e obtusamente inimigas das mudanças, mergulharam em decadência.

Essas premissas do marxismo foram criticadas por Bernstein, no fim do século XIX, e depois por muitos outros, como uma ideologia exaltada do progresso, herdeira de uma concepção finalista que teria a sua raiz, supostamente, na influência hegeliana. *A teoria da revolução no jovem Marx* é um dos livros que respondeu à altura ao desafio da crítica reformista, sem cair na tentação de assegurar a "certeza" de uma vitória final que estaria inscrita na história. Resgatou a teoria da história elaborada por Marx e Engels a partir de seu núcleo central: a primazia da luta de classes como força de impulso das transformações das sociedades. As revoluções políticas e sociais não deveriam ser consideradas, em suas palavras, "o passado de uma ilusão, mas o futuro de uma esperança", ou seja, um movimento prático de experiência histórica do proletariado e de seus aliados sociais.

A fórmula marxista que determina que uma época de revolução social só se abriria quando as relações sociais se convertessem em obstáculos ao desenvolvimento das forças produtivas não autoriza a conclusão inversa de que as transições históricas seriam conseqüência direta de impasses econômicos. A estagnação das forças produtivas e o crescimento das destrutivas foram identificados como condição necessária, mas não suficiente, para transformações que exigem rupturas políticas que dependem de muitos outros fatores: em primeiríssimo lugar, do despertar de uma disposição revolucionária de luta daqueles sujeitos sociais em posição de classe para agir. O marxismo de Löwy bebeu nessa promessa de uma subjetividade autolibertadora dos trabalhadores – o que ele mesmo reivindicou como um "messianismo" ativo, ou seja, uma aposta de que, mais cedo do que tarde, as resistências diretas se unirão a um discurso estratégico – e esteve distante do economicismo. Comungava com Sartre a defesa de que o marxismo seria o horizonte intelectual de nossa época: "as tentativas de o superar conduzem apenas à regressão a níveis inferiores do pensamento, não além, mas aquém de Marx"[2].

Na elaboração marxista, passagens de modo de produção seriam impossíveis sem crises estruturais nas relações sociais. Crises, porém, podem potencializar transformações progressivas ou catastróficas. Uma época de revolução social deveria ser compreendida, portanto, como um extenso intervalo histórico de lutas com

---

[2] Idem, *A teoria da revolução no jovem Marx* (Petrópolis, Vozes, 2002), p. 18.

inevitáveis reviravoltas. Löwy foi um dos marxistas que insistiu que o socialismo seria uma aposta, não uma certeza; uma alternativa, não uma fatalidade; um projeto, não um destino. Relendo o *Manifesto Comunista*, ele conclui: "Marx afirma que, a cada época, a luta de classes pode terminar seja por uma reestruturação revolucionária da sociedade, seja pela ruína em conjunto das classes em conflito"[3].

O prognóstico é antifatalista, mas não descrente, porque o futuro é uma invenção das lutas do presente, e o marxismo de Löwy não alimenta a prostração, mas o máximo ativismo. A terrível lentidão das mudanças históricas repousa nessa dialética de desenvolvimento desigual entre os fatores objetivos e subjetivos quando se abre uma época de revolução social. As sociedades se vêem mergulhadas em crises porque transformações são necessárias, mas estas não acontecem quando são necessárias. Regimes políticos monstruosos, como o nazi-fascismo, sobreviveram por muitos anos, até por décadas, em alguns países, mas sua existência não demonstra que eram necessários. Sistemas arcaicos resistiram por muito tempo depois de terem entrado em crise. Relações sociais retrógradas se perpetuaram, mesmo quando sua permanência era, historicamente, obsoleta. O escravismo brasileiro atravessou o século XIX, incólume até 1888, mais de meio século depois da independência em relação à Portugal. Ou seja, a dialética do progresso, nos propõe Löwy, animado por Walter Benjamin, é um processo muito mais perturbador do que uma linha ascendente e linear, porque tem duas dimensões, já que as forças destrutivas podem estar se desenvolvendo em proporção e ritmo superiores às produtivas: "Para Benjamin, a revolução não é 'inevitável' [...], ele a concebe como uma interrupção de um progresso catastrófico, cujo indicador era o aperfeiçoamento crescente das técnicas militares"[4].

A história, para Löwy, não foi uma longa elevação da humanidade, com eventuais acidentes de percurso que, à maneira hegeliana, confirmam uma trajetória ascendente. Tampouco foi um confronto entre sistemas – uma competição "ideal" entre modos de produção mais ou menos eficientes. Estes não lutam entre si. O século XX não foi somente o cenário de uma luta ideológica entre capitalismo e socialismo, mas a história de uma luta concreta entre classes e entre Estados. O resultado dessas lutas continua sendo um processo histórico inacabado. Assim como foram ligeiras nos anos 1960 e 1970 as ilusões gradualistas – portanto, excessivamente otimistas – a respeito de uma possível transição reformista, são hoje perigosas as conclusões pessimistas que se apressam em retirar conclusões céticas sobre o futuro do socialismo depois da restauração capitalista do início dos anos 1990.

---

[3] Idem, *Marxismo, modernidade, utopia* (São Paulo, Xamã, 2000), p. 81.

[4] Ibidem, p. 83.

O desenvolvimento desigual e combinado como lei mais geral da história

Não foram poucos aqueles que concluíram que os processos de restauração capitalista asseguravam, senão a superioridade do capitalismo, pelo menos sua hegemonia por um longo intervalo histórico. O marxismo que Löwy tem defendido em sua obra tem sido, na contracorrente, confessadamente antieconomicista. A originalidade de sua aproximação ao tema da dialética da história evoca uma leitura heterodoxa:

> Antes de tudo, pela descoberta [...] da importância da crítica romântica da civilização burguesa, a um só tempo como dimensão [...] do pensamento do próprio Marx e como poderosa fonte de uma renovação da imaginação socialista. Por Romantismo não entendo somente uma corrente literária do século XIX, mas um vasto movimento cultural de protesto contra a sociedade industrial capitalista. [...] Trata-se de um movimento que começa em meados do XVIII – Rousseau é uma das figuras emblemáticas dessa origem – e que até hoje continua ativo, em revolta contra o desencantamento do mundo, a quantificação de todos os valores, a mecanização da vida e a destruição da comunidade.[5]

Não existiu uma via evolutiva ascendente e linear de modos de produção, que foram se sucedendo em seqüência fixa uns aos outros, mas um processo mais complexo. O materialismo histórico compreende a história como uma seqüência de modos de produção, mas não permite concluir nem por uma diretividade imanente ou uma finalidade implícita, nem sequer por um único padrão nas passagens de uns a outros. Tampouco autoriza a interpretação de que tal seqüência seja rígida. O processo de desenvolvimento na história teve descontinuidades. Não encontramos nela, tampouco, uma coerência interna. Houve percalços. Inúmeras sociedades encontraram obstáculos e não puderam superá-los.

O desenvolvimento desigual e combinado manifestou-se como a lei mais geral da história. Relações sociais que corresponderiam a diferentes modos de produção conviveram em combinações inusitadas. A experiência econômico-social das missões jesuíticas na América do Sul com a população indígena de língua guarani, por exemplo, não foi, historicamente, inferior à do escravismo colonial dos portugueses, mas foi destruída. Igualmente, seria impossível encontrar critérios consensuais para julgar o Quilombo dos Palmares como uma experiência inferior à do regime das plantações de monocultura do açúcar no Nordeste brasileiro, mas Palmares foi aniquilado.

As sociedades se transformaram porque mudanças se demonstraram imprescindíveis, mas não o fizeram quando era necessário. Um atraso inevitável separou

---

[5] Idem, *A teoria da revolução no jovem Marx*, cit., p. 19.

as crises sociais e políticas das condições em que se encontraram soluções para tais crises. O marxismo teve de argumentar tanto sobre a relativa autonomia dos processos econômicos diante dos políticos e sociais, quanto sobre a relativa autonomia da esfera política em relação às dinâmicas econômicas.

A internacionalização do capital nos últimos trinta anos, por exemplo, teve uma dinâmica própria de impulso: a busca imperativa de máxima valorização, sobrepondo-se a quaisquer limites sociais, regulações ambientais e fronteiras nacionais. Por outro lado, a crise do regime democrático-liberal nos últimos quinze anos – destituição de dez presidentes eleitos na Argentina, Brasil, Paraguai, Equador, Bolívia e Venezuela antes de completarem seus mandatos – não atingiu somente as sociedades latino-americanas, que estão, em graus maiores ou menores, economicamente estagnadas há um quarto de século. Manifesta-se também em países centrais, como os Estados Unidos, onde a primeira eleição de Bush permanece questionada, ou a França, que tremeu quando um fascista chegou ao segundo turno das eleições presidenciais. O marxismo de Löwy se amparou na tradição internacionalista para concluir:

> Quanto à célebre frase lapidária e sarcástica de Marx: "os proletários não têm pátria", haveria que interpretá-la antes de tudo no sentido de que os proletários de todas as nações têm o mesmo interesse [...] na medida em que a nação não é para o proletariado mais do que o marco político imediato da luta pelo poder.[6]

A internacionalização do capital foi uniforme à escala mundial, e suas seqüelas se sentiram para além de todas as fronteiras: deslocamento de indústrias, elevação do desemprego, queda do salário médio, recolonização de continentes. A sincronização mundial das crises econômicas tem sido, também, cada vez maior. A estagnação econômica e a decadência social da América Latina permaneceram crônicas nos últimos vinte e cinco anos, não importando muito se governavam ditaduras ou governos eleitos e, menos ainda, se eram governos de centro-direita ou de centro-esquerda. A mundialização financeira estendeu-se a todo o planeta, e tornou, mais necessário do que nunca, um renascer do internacionalismo socialista. Löwy é contundente:

> O socialismo marxista é fundamentalmente oposto ao nacionalismo. Primeiro, porque ele se recusa a considerar a nação como um todo indiferenciado: todas as nações são divididas em classes sociais distintas [...] Mas, sobretudo, ele rejeita a ideologia nacionalista e sua escala de valores porque sua fidelidade suprema não se dirige a uma

---

[6] Michael Löwy, George Haupt e Claudie Weill, *Los marxistas y la cuestión nacional* (Barcelona, Fontamara, 1982), p. 87. Tradução minha.

nação, qualquer que seja ela, mas para um sujeito histórico internacional (o proletariado) e para um objetivo histórico internacional: a transformação socialista do mundo. Ele é internacionalista por razões éticas e materiais ao mesmo tempo.[7]

O marxismo de Löwy realizou, também, um resgate da dimensão utópica do socialismo como desafio: "O que as leituras positivistas de Marx não compreendem é que a emancipação histórica, diferentemente da previsão física, exprime-se num projeto estratégico"[8]. A revolução é, paradoxalmente, um processo que resulta de uma acumulação de forças que foi prevista e construída conscientemente, mas é também uma surpresa histórica, algo de intempestivo.

As revoluções na história

As sociedades não se transformam na medida em que a mudança é necessária. As transformações econômico-sociais em condições políticas reacionárias, por mais necessárias que sejam, parecem impossíveis. A revolução parece, politicamente, uma extravagância de sonhadores, ou visionários. Essa antecipação histórica é, no entanto, o projeto intelectual do marxismo. Um intervalo maior ou menor de tempo foi indispensável para que as classes em luta compreendessem a gravidade dos impasses em que estavam mergulhadas. Estes têm fundamentos econômicos, mas não há crise econômica sem saída para o capitalismo, porque a burguesia pode descarregar sobre as outras classes o custo da crise. Só quando as crises econômicas se manifestam na forma de crises sociais, ou seja, transbordam em crises políticas que afetam não só o governo, mas o regime de dominação, é que as classes populares despertam do estado de resignação social e apatia política. A arquitetura das instituições perde então sua aura de legitimidade e tudo o que parecia impossível passa a ser admissível.

É, porém, o ponto de vista da classe dominada – que, ao defender, egoisticamente, seus interesses, representa a solução historicamente progressiva – que permite uma percepção mais próxima da realidade. Löwy foi um dos marxistas a enfrentar um dos temas metodológicos mais difíceis da pesquisa em ciências sociais:

> O método das ciências sociais se distingue do científico-naturalista não somente no nível dos modelos teóricos, técnicas de pesquisa e processos de análise, mas também e principalmente no nível da relação com as classes sociais. As visões do mundo, as "ideologias" (no sentido amplo de sistemas coerentes de idéias e de valores) das classes

---

[7] Michael Löwy, *Nacionalismos e internacionalismos* (São Paulo, Xamã, 2000), p. 80.

[8] Idem, *A teoria da revolução no jovem Marx*, cit., p. 22.

sociais modelam de maneira decisiva (direta ou indireta, consciente ou inconsciente) as ciências sociais, colocando assim o problema de sua objetividade em termos totalmente distintos das ciências da natureza.[9]

Um atraso maior ou menor separa o momento em que o agravamento da crise histórica se manifesta daquele em que as forças sociais em luta estão dispostas a medir forças. A crise econômica amadurece mais rápido do que a percepção que a sociedade tem da crise social. Esse processo decorre da resistência das classes das sociedades contemporâneas em aceitar a gravidade da crise. Os tempos da política estão sempre atrasados em relação aos da história. Toda ordem político-social se apoiou no extremo conservadorismo das sociedades humanas.

Todas as sociedades modernas adiaram a colisão com os desafios de sua época. Transferiram para o futuro, enquanto isso foi possível, as tarefas do presente. Iludiram-se durante muito tempo, mas não indefinidamente, sobre quais são seus interesses e como defendê-los. As ilusões das classes proprietárias foram, contudo, menores que as das classes dominadas. A força das ideologias foi, portanto, um dos fatores da lentidão das transformações históricas. Löwy dedicou um livro ao tema da consciência de classe e tomou como referência a elaboração clássica de Lukács:

> A concepção dialética parte da situação dada, do interesse imediato [...] para transformá-lo em passos para o objetivo final. Nessa perspectiva, a consciência de classe aparece como uma possibilidade objetiva, a expressão racional dos interesses históricos do proletariado, que não é um além, mas surge da evolução histórica e da práxis real de classe.[10]

As classes em luta contemporizam, enquanto podem, para ganhar tempo. Até que o momento do enfrentamento não é mais adiável, e o tempo passa ser escasso, porque chega a hora das batalhas decisivas. Conseqüentemente, vencem os mais fortes, que foram sempre os mais bem preparados. Em situações revolucionárias, o improviso foi sempre fatal. A apatia das massas trabalhadoras e das outras classes oprimidas repousa, em primeiro lugar, no medo das represálias sociais. Esta foi a maior força de inércia na história. Mesmo assim, quis a ironia que o proletariado latino-americano substituísse, na segunda metade do século XX, o lugar que coube ao proletariado europeu na primeira metade. O continente latino-americano escreveu sua primeira página de glória na história da revolução

---

[9] Idem, *Método dialético e teoria política*, cit., p. 17.

[10] Idem, *Para uma sociologia dos intelectuais revolucionários* (São Paulo, Ciências Humanas, 1979), p. 195.

socialista com o triunfo da Revolução Cubana, em 1959. Löwy compreendeu essa profunda mudança e concluiu, em sua introdução a *O marxismo na América Latina*: "Um novo período revolucionário para o marxismo teve início após 1960 – um período que recuperou algumas das idéias vigorosas do 'comunismo original' da década de 1920"[11].

O medo de que a revolução se alastrasse de Cuba para todo o continente explicou a política burguesa entre 1960 e 1980: a contra-revolução usou os métodos de guerra civil e cobriu o Cone Sul de ditaduras. Mas, enquanto a quarta vaga da revolução mundial no pós-1968 se alastrava na Europa de Paris para a Itália e Lisboa, e seus ecos instigavam a juventude mexicana a ocupar a praça do Zócalo na terceira maior cidade do mundo, ao mesmo tempo que 100 mil saíam às ruas do Rio de Janeiro para gritar "abaixo a ditadura", a situação na América Latina evoluía, desfavoravelmente, para a causa da revolução.

Na hora em que a América Latina vive, nos alvores do século XXI, a terceira vaga revolucionária de sua história, parecem oportunas as observações de Löwy:

> O marxismo na América Latina foi ameaçado por duas tentações opostas; o excepcionalismo indo-americano e o eurocentrismo. O excepcionalismo indo-americano tende a absolutizar a especificidade da América Latina e da sua cultura, história ou estrutura social. Levado às suas últimas conseqüências, esse particularismo americano acaba por colocar em questão o próprio marxismo como teoria exclusivamente européia [...] Foi o eurocentrismo, mais do que qualquer outra tendência, que devastou o marxismo latino-americano. Com esse termo queremos nos referir a uma teoria que se limita a transplantar mecanicamente para a América Latina os modelos do desenvolvimento socioeconômico que explicam a evolução histórica da Europa ao longo do século XIX.[12]

N. B.: umas poucas linhas pessoais

Iniciei os estudos superiores cursando sociologia na Universidade de Paris X em Nanterre, quando aderi à Quarta Internacional e integrei-me a um núcleo da Liga Comunista Revolucionária que era coordenado por Michael Löwy. Vindo de Lisboa em 1974, onde fiz o ensino secundário, havia trazido o contato de Michael, à época já estabelecido como professor universitário em Paris. Uma carta de Francisco Louçã, amigo do movimento dos liceus – hoje prestigiado economista, e

---

[11] Idem, *O marxismo na América Latina: uma antologia de 1909 aos dias atuais* (São Paulo, Fundação Perseu Abramo, 2000), p. 45.

[12] Ibidem, p. 10.

deputado pelo Bloco de Esquerda, em Portugal – apresentava as minhas "credenciais" políticas que, aos dezessete anos, como é óbvio, eram ridículas. Michael me recebeu com imensa consideração. Foi, de longe, a influência intelectual mais significativa de minha estadia parisiense: era brasileiro, erudito, marxista, e, antes de tudo, militante; portanto, uma referência e tanto. Ele era sofisticado sem presunção, e empolgado sem impressionismo.

Conheci seu livro *Método dialético e teoria política*, um trabalho de epistemologia que me foi útil em uma das disciplinas introdutórias do curso e, em uma semana, tinha-o decorado de trás para frente. Reuníamo-nos semanalmente, e eu esperava, fascinado, contando os dias, aquela reunião como um bálsamo. Era mais educativa que a semana inteira de aulas. Não havia um só francês. Éramos todos brasileiros e portugueses que ainda não haviam voltado; logo, falávamos português. Uma distância geracional enorme me separava dos demais. Naqueles dias, a diferença de alguns anos não era secundária. Exilados e refugiados, eram muito mais maduros e experientes do que eu. A integração social foi mínima, embora, às vezes, terminássemos a reunião bebendo algo em um café próximo da praça da Bastilha. Nada além da cortesia entre camaradas. No entanto, lembro-me que não poupava o paciente Michael: no final das reuniões, pedia indicações de leitura, e exibia os meus limitados progressos. Por meio dele, descobri Lucien Goldmann, que havia sido seu orientador, e Lukács, de *História e consciência de classe*.

Nossa atividade militante se concentrava na elaboração (em mimeógrafo) e divulgação de um jornal mensal chamado *Combate*, dirigido à comunidade de trabalhadores portugueses. Devo acrescentar que minha colaboração era mais do que modesta: resumia-se à venda. Essa atividade era longe de ser eletrizante: como era difícil! Quem conseguiu vender literatura socialista para a emigração portuguesa na *banlieue* de Paris vende qualquer coisa. Sem falsa modéstia, o caminho da militância me ensinou, ao longo dos anos, tudo o que há para saber sobre vendas. Michael me ensinou aquilo que não cabe em palavras de agradecimento. Durante a revolução portuguesa, uni-me à tendência internacional animada por Nahuel Moreno, em polêmica contra a maioria européia. Mais tarde, nos anos 1980, apreciações opostas da dinâmica da direção do PT – a minha muito severa – levaram-nos para destinos políticos diferentes.

PARTE 2

INTELECTUAIS E ENGAJAMENTO

Maria Elisa Cevasco

Nestes tempos em que se fala muito do silêncio dos intelectuais, pensei que seria interessante organizar minha contribuição à mesa sobre Michael Löwy e os pensadores de esquerda em torno das dúvidas e perplexidades que assombram esse tão propalado silêncio, no momento em que se torna mais difícil – especialmente em países como o Brasil, onde as esperanças em um governo de esquerda se esvaem a cada novo escândalo de inépcia e corrupção – dar conta da resposta que cada um de nós precisa dar à questão: qual a função do intelectual militante hoje?

E isso não porque eu ache que tenha a resposta, ou que será possível encontrá-la por meio do esforço do pensamento individual, mas porque penso que ela é a marca que separa o trabalho dos intelectuais que valem a pena estudar, criticar, celebrar, daqueles que devemos deixar para a crítica dos vermes. Isso posto, é claro que as configurações da resposta dependem dos tempos e das suas injunções.

Michael faz parte da geração que podia articular com facilidade a teoria crítica e a militância política. Em um de seus muitos textos que se tornaram clássicos, está o estudo de 1976, cujo título em português é *A evolução política do jovem Lukács: 1909-1929*[1], em que ele coloca com toda clareza a questão que interessa responder: por que parte significativa dos intelectuais se torna radicalmente oposta ao capitalismo e acaba por aderir ao movimento operário e à *Weltanschauung* marxista?

Claro que, em nossos dias, a pergunta se formularia de forma bastante diferente, algo como "por que será que os intelectuais se tornaram, em grande parte,

---

[1] Michael Löwy, *A evolução política de Lukács:1909-1929* (trad. Heloísa Helena A. Mello e Agostinho Ferreira Martins, São Paulo, Cortez, 1998), p. 27.

intelectuais orgânicos do capitalismo hegemônico e não da classe cuja tarefa histórica é, nas palavras de Michael, a "abolição radical da hegemonia do valor de troca sobre a vida social"[2]? Não faço parte do grupo de pessoas que acham que essa linguagem caiu de moda, e que hoje, em tempos de trabalho imaterial e de movimento operário amordaçado, não faz mais sentido algum falar em classe revolucionária. Também não acho que, em uma sociedade em que a mercantilização impera de forma mais irrestrita do que em toda a história da humanidade, é irreal continuar a aspirar pelo reino do valor de uso. Mas é certo que a nova forma da pergunta reflete um conteúdo sócio-histórico distinto do que emoldurava tanto o estudo de Michael, redigido em uma França onde ainda soavam fortes os ecos do mítico maio de 1968, quanto o da formação de seu objeto de estudo, o jovem Lukács que se radicaliza a partir da revolução soviética de outubro de 1917. A moldura hoje é a derrota dos grandes movimentos revolucionários do século XX e a conseqüente crise da esquerda mundial, cujos desdobramentos locais nos agridem em cada nova notícia de jornal que desenrola a crônica do desmanche do que foi um dos mais promissores partidos da esquerda pós-revolucionária, o Partido dos Trabalhadores. Penso que é em mais um desses momentos de crise ou estado de emergência – que são a regra da vida sob o capitalismo – que pode ser bastante relevante retomar a herança produtiva da tradição marxista. Afinal, como lembra o próprio Michael, ao tentar entender a atração que o marxismo exerce sobre intelectuais,

> a descoberta do proletariado como sujeito da história, como coveiro do capitalismo, não se faz senão [...] pela mediação do marxismo como sistema teórico. A adesão política dos intelectuais ao proletariado, ou a fixação da sua revolta em um estágio puramente ético-cultural, depende, portanto, em certa medida, da existência de uma tradição marxista no seu país e da possibilidade de ter acesso ou não à literatura marxista.[3]

No mínimo, retomar certos pontos da tradição pode facilitar esse acesso e aumentar as possibilidades de pensar o presente de maneira produtiva.

Penso que essa é uma das razões pelas quais a obra de Michael tem como um de seus impulsos centrais discutir a linhagem dos pensadores da práxis. Ele escreveu sobre Karl Marx, LeonTrotski, Rosa Luxemburgo, Walter Benjamin e, é claro, sobre a história da formação de Georg Lukács como intelectual revolucionário – livro que pretendo enfocar nesta exposição. Não se pode, é claro, transpor as

---

[2] Ibidem, p. 32.

[3] Idem.

questões do momento do filósofo húngaro para o nosso, mas é bem possível que os modos dessa formação possam indicar os primeiros passos para formular a resposta à questão do que significa ser intelectual engajado hoje. Estudo a manifestação britânica dessa tradição, e minha proposta de falar desse livro de Michael fica facilitada pelo fato de Raymond Williams, como se sabe, o expoente máximo da crítica cultural marxista britânica, ter escrito uma resenha sobre a tradução inglesa da obra*, agora com o título de *Georg Lukács, do Romantismo ao bolchevismo*, publicada em 1979 pela então New Left Books, hoje editora Verso.

A resenha se organiza em torno de três eixos principais: a necessidade tática de discriminar as formas do anticapitalismo, a aferição do Romantismo como uma dessas formas e uma discussão sobre a maneira marxista de fazer crítica cultural, esta, então, questão de método. Começo pela discussão mais geral, que dá o título da resenha e mostra o foco de interesse de Williams pelo livro de Michael: "O que é anticapitalismo?".

Dita assim, a questão parece de uma generalidade excessiva, mas vale lembrar que essa é a pergunta central, aquela que, se não soubermos responder, invalida todo projeto intelectual. É porque achamos que podem nos ajudar a respondê-la que nos interessamos pelos intelectuais engajados e por suas obras, na esperança de que suas opções teóricas e análises nos ajudem a identificar as formas mais eficazes de praticar o anticapitalismo, na medida em que demonstram como o sistema efetivamente funciona e nos apontam as maneiras mais provavelmente eficazes de levá-lo à destruição final. Essa ênfase na mudança sistêmica é justamente o que distingue, para Williams, a posição anticapitalista da posição dos críticos do modo de vida que tal sistema determina. Passam por aí tanto a atração como os problemas do Romantismo. Sabemos que a tradição diversa e complexa que se reúne sob esse rótulo constituiu em um primeiro momento uma forma de reação às mudanças sociais causadas pela implantação do modo de produção capitalista. Michael estuda uma formação mais tardia, a dos intelectuais neo-românticos alemães das primeiras décadas do século XX. Mas eles também estavam reagindo à aceleração do capitalismo industrial na Alemanha em termos que guardavam semelhanças com seus antecessores: confrontados com um modo de vida que recusava explicação racional e se justificava pelo lucro e não pela vida, esses pensadores acabaram por dar corpo em suas teorias à própria cisão que determinava sua crítica. O mais das vezes, suas teorias não chegaram a olhar o novo modo de vida que mudava as relações sociais de forma avassaladora e abrangente do ponto de vista dessa abrangência, que aprendemos depois a cha-

---

* Reproduzimos a resenha de Raymond Williams na sequência deste artigo. (N. E.)

mar de o ponto de vista da totalidade. Sua crítica partia da colocação ilusória da existência de dois mundos antagônicos que atendem, segundo o pensador ou a tradição a que se filia, por diferentes nomes. O mais clássico é a famosa distinção formulada por Ferdinand Tönnies entre comunidade e sociedade, entre o mundo da *Kultur*, dos valores espirituais, orgânicos, comunitários e o mundo da *Zivilisation*, o novo mundo do capitalismo, com sua ênfase no mecânico, no manufaturado, na separação do trabalhador dos meios de produção. É interessante notar que, no caso alemão, essa nova ordem acaba muitas vezes sendo descrita como estrangeira: Thomas Mann, em "Reflexões de um homem apolítico", de 1918, opõe os valores da vida aos novos valores da modernidade capitalista vindos da França e da Inglaterra e que se impõem "à força sobre a Alemanha". Max Weber lamenta, em "A ciência como vocação"[4], de 1919, a *norte-americanização* da universidade alemã. Essa reação neo-romântica alemã forma o caldo de cultura em que se vai formar o jovem Lukács. Michael demonstra em seu livro os problemas desse neo-romantismo anticapitalista, cuja principal tendência é, em sua caracterização convincente, a de um "hermafroditismo ideológico". Penso que a separação entre os dois mundos é uma das condições teóricas de possibilidade desse hermafroditismo: tal cisão abre espaço para um afastamento do mundo real que pode desembocar em soluções idealistas para problemas reais – a salvação do mundo pela cultura é um dos exemplos mais freqüentes desse idealismo inócuo – ou, nos piores casos, em reacionarismo social. O mundo do valor só pode ser restaurado pela ação de uma minoria, que atende por diversos nomes, indo dos aristocratas do espírito aos reconstrutores de uma velha ordem social nacional; no caso alemão, como lembra Michael, no caminho que leva o poeta Paul Ernst de correspondente de Engels a precursor potencial do fascismo em sua celebração do *Reich* alemão da Idade Média[5].

Em sua resenha, Williams concorda plenamente com a descrição que Michael faz desse Romantismo anticapitalista. Como bom estudioso das manifestações inglesas desse movimento, Williams sabe bem que tanto em nossos dias como nos diferentes momentos do Romantismo, no século XIX na Inglaterra ou nos anos do primeiro pós-guerra na Alemanha, esse anticapitalismo desvinculado do mundo material tende a gerar uma série de posições estruturais extremamente problemáticas. Entre elas, as mais freqüentes, historicamente, têm sido um apego regressivo a uma ordem social pré-capitalista, o desvio da crítica social para a celebração

---

[4] Max Weber, "A ciência como vocação", em *Ciência e política: duas vocações* (São Paulo, Martin Claret, 2001).

[5] Michael Löwy, *A evolução política de Lukács: 1909-1929*, cit., p. 60.

de uma arte e de uma cultura desvinculadas do mundo material – reação muito característica entre os intelectuais das humanidades – ou, ainda, a resignação cínica ou, no pior dos casos, o desespero trágico. Mas, para Williams, Michael tende, nesse livro, a jogar fora o bebê com a água do banho e deixar de lado uma posição que efetivamente se concretizou em partes da história do Romantismo, ou seja, a possibilidade de que esse anticapitalismo desemboque numa posição anti-sistêmica e na defesa do socialismo como próximo passo necessário para que a vida se torne tolerável.

Num exemplo da produtividade do diálogo entre intelectuais cujo maior interesse é o avanço do conhecimento, a melhor descrição que conheço do efeito dessa ressalva é do próprio Michael. Em uma entrevista concedida à *Margem Esquerda* em outubro de 2004, ele diz que a crítica de Williams a sua afirmativa de que o marxismo exige a superação do Romantismo o levou a rever sua posição. Resultado: com seu colega Robert Sayre, também aluno de Goldmann, com quem Williams manteve interessantes trocas críticas nos anos 1970, ele foi pesquisar o Romantismo e se convenceu de que a crítica romântica da civilização capitalista é uma componente importante do pensamento de Marx e Engels, e o ponto de partida de uma corrente de pensamento marxista romântica que vai de William Morris a Herbert Marcuse, passando pelo jovem Lukács, por Ernst Bloch e por André Breton[6].

Antes de falar mais do Romantismo, porém, quero lembrar o segundo ponto destacado na resenha: trata-se do elogio da forma de abordagem adotada por Michael para estudar a formação do jovem Lukács. Um dos objetivos da obra de Williams é justamente a formulação de uma maneira de estudar a cultura que leve em conta o diferencial qualitativo do marxismo. É claro que ele parte do princípio de que, em se tratando de uma teoria marxista, o básico é o estabelecimento das relações entre forma cultural e processo sócio-histórico. Mas, naquilo que o crítico diplomaticamente chama de "transição de Marx aos marxistas", houve uma ênfase forte na proposição de que estudar cultura na tradição marxista era estabelecer as relações entre uma base cujas características eram bem conhecidas e seu reflexo em uma superestrutura que era dever do crítico especificar. Em mãos ortodoxas, esse tipo de abordagem levou, em muitos casos, a uma explicação mecânica e pouco esclarecedora dos fenômenos culturais. Williams lembra que a crítica cultural marxista podia igualmente ter se desenvolvido a partir da transformação em método de abordagem de outro legado teórico igualmente importante

---

[6] "Michael Löwy", entrevista concedida a Ivana Jinkings e Emir Sader, publicada em *Margem Esquerda – Ensaios Marxistas*, n. 4, São Paulo, Boitempo, out. 2004, p. 14.

de Marx, ou seja, a proposição de que o ser social determina a consciência e que, portanto, só se podem estudar as formas simbólicas, que são materializações da consciência possível em determinado momento histórico, como manifestações de uma formação social. Em seu livro *Culture*[7], de 1981, cujo título norte-americano é, não por acaso, *Sociology of Culture*, Williams defende que uma abordagem marxista deve necessariamente levar em conta os elementos materiais que organizam a cultura, tomada na acepção mais ampla de produção e reprodução de sistemas de significação. Esses elementos incluem as instituições, as formações – no sentido de grupos, escolas de pensamento ou movimentos –, os meios de produção cultural e também as formas de arte ou de outras manifestações culturais. Segundo Williams, é preciso empregar uma abordagem que estude o projeto intelectual, ou forma artística, como materialização de uma formação sócio-histórica. Termos como pano de fundo, ilustração, reflexão, tendem a obscurecer a unidade central entre projeto e formação, que são apenas aparências distintas de um mesmo processo social determinante.

Como que para demonstrar tal formulação, o método usado por Michael para elucidar como se dá a formação, agora no sentido de *Bildung*, do jovem Lukács, segue exatamente esses passos, ainda que ele não precise ter lido Williams para isso. Trata-se de um momento em que estão dadas as condições históricas de possibilidade tanto para a teoria de um quanto para o estudo prático do outro. Na resenha, Williams explicita que o grande mérito do estudo de Michael é justamente o fato de ele analisar as idéias no interior de formações sociais e intelectuais. No dizer do britânico, trata-se de um procedimento necessário em uma análise marxista, mas que é muito raro que seja conduzido com tal riqueza de detalhes e de poder explicativo.

E, de fato, uma das lições mais produtivas desse livro é seguir os movimentos com que Michael vai entretecendo o geral e o específico: no início do século XX, as transformações da economia alemã se manifestando nas mudanças do status dos intelectuais, e, depois, as formas que assumem as reações destes às mudanças, que são, como diria Williams, uma das maneiras em que essas transformações se materializam – no caso da formação de Lukács –, os rumos que tomam os integrantes do famoso círculo de Weber e finalmente como as diferentes posições estruturais na nova situação são captadas na arte alemã, em especial na figura emblemática da personagem Naphta em *A montanha mágica*[8]. E cito Michael para mostrar como se dá esse entretecimento revelador:

---

[7] Ed. bras.: Raymond Williams, *Cultura* (2. ed., São Paulo, Paz e Terra, 2000).

[8] Thomas Mann, *A montanha mágica* (Rio de Janeiro, Nova Fronteira, 2005).

INTELECTUAIS E ENGAJAMENTO

A nosso ver – e isso decorre de tudo aquilo que temos escrito sobre a *intelligentsia* alemã na passagem do século –, o sentido com o qual concordam todas as passagens contraditórias do discurso estranho, sedutor, repulsivo e ambíguo de Naphta é precisamente o neo-romantismo antiburguês, que contém em si, *como virtualidades, ao mesmo tempo,* o comunismo e a reação, o bolchevismo e o fascismo, Ernest Bloch e Paul Ernst, Georg Lukács e Stephan George. O gênio de Thomas Mann não está em profetizar o futuro, mas em descrever com ironia e sutileza um fenômeno *contemporâneo* levando-o até as últimas conseqüências (conseqüências precisamente contraditórias).[9]

O terceiro ponto fundamental da resenha é expresso em termos de uma discordância sobre o sentido do Romantismo. Essa é a crítica que acabou se transformando em uma enorme dica, como costuma acontecer nas interlocuções entre intelectuais cujo interesse maior não é ganhar ou perder uma polêmica, mas avançar o conhecimento. Ganhamos, então, todos: Michael, porque continuou pesquisando o Romantismo; nós, porque temos mais uma fonte de acesso a essa forma de anticapitalismo; e Williams, porque a discordância lhe permite apontar falhas no projeto socialista, falhas cujo enfrentamento pode ser bastante produtivo para pensar o fundamental, ou seja, o que seria um socialismo hoje capaz de canalizar o persistente sentimento anticapitalista que continua a aflorar em manifestações tão díspares quanto as que caracterizavam esse movimento multiforme a que chamamos de Romantismo. Claro que, nos limites da resenha, Williams não tem espaço para elaborações detalhadas, mas seu problema central pode ser resumido pelo título: "Georg Lukács: from Romantism to Bolshevism", pensado como a descrição de um caminho do erro à verdade. Na leitura do britânico, mas não a do livro de Michael, onde este apóia a versão do Lukács maduro, que desdenha suas posições iniciais como "Romantismo anticapitalista", é preciso relativizar tanto o erro do Romantismo quanto o acerto do bolchevismo. Não acredito que a defesa de Williams de certos aspectos do primeiro passe pelo fato de ele ser, por formação, crítico literário e estar tentando salvaguardar a grande tradição literária e libertária deste, em especial do inglês. Escrevendo a resenha no final dos anos 1970, o fundamental para ele é recuperar três aspectos do anticapitalismo difuso do pensamento romântico a partir do final do século XVIII: a análise dos problemas de uma burocracia estatal, das relações entre um sistema industrial moderno e um tipo quantitativo de pensamento e administração, e a diferença entre comunidades reais e uma ordem monetária social centralizada. O bolchevismo abriu novas possibilidades, mas também deixou de lado essas questões fundamentais,

---

[9] Michael Löwy, *A evolução política de Lukács*, cit., p. 79-80.

negligência que, como se sabe, contribuiu para sua posterior descaracterização e derrota. Uma outra conseqüência do simples descarte dessa problemática – neutralizada como impraticável, irrealista ou confusa, algumas das inflexões da qualificação "romântico" – foi privar o nosso lado de uma herança que poderia ter evitado uma série de fragilidades nas proposições correntes sobre o socialismo. Entre elas, destaca-se a ausência de um questionamento sustentado da natureza e dos efeitos da produção industrial moderna e de uma economia do crescimento. Tudo se passa como se a produção, tanto no mundo socialista realmente existente então quanto no capitalista, fosse um valor inquestionável, em nome de que vale a pena sacrificar trabalhadores e exaurir o planeta. Um dos efeitos de tal negligência se materializa, entre outros, no fato de que o socialismo tenha causado os mesmos desastres ecológicos do capitalismo. Isso acabou por deixar o campo da crítica dessa economia do crescimento a qualquer preço aberto para ser ocupado, por exemplo, pelo anticapitalismo de certos ecologistas que se vêem empurrados a fazer uma apologia de regresão a um estágio pré-capitalista.

Ainda mais grave, em todos os lugares em que esteve ou está implantado, o socialismo tem dificuldade de lidar com a questão da liberdade, que é certamente uma falsa consciência no capitalismo realmente existente, mas que é também, sem dúvida, uma aspiração real de todos e uma constante na crítica romântica ao capitalismo. Um outro aspecto negligenciado pelo socialismo e presente na crítica romântica é a discussão para valer de como devem ser os processos sociais reais de uma vida política efetivamente democrática. Temos aí três pontos fundamentais para a construção de uma agenda de discussões para intelectuais engajados.

Voltemos ao livro. O descarte do Romantismo no caso de Lukács é especialmente problemático porque uma de suas grandes contribuições ao pensamento marxista, a teoria da reificação, pode ter sua origem traçada na recusa romântica do modo de vida capitalista, que promovia formas meramente quantitativas e instrumentais de consciência e de relações sociais. Ao juntar essa recusa à crítica de Marx ao fetichismo inescapável em um modo de produção capitalista, ele dotou o marxismo de um poderoso instrumento de questionamento totalizante do modo de vida capitalista que, na sua visão, não pode ser reformado ou atenudo. A única forma de neutralizar a reificação e seu correlato, o fetichismo da mercadoria, é através da mudança sistêmica que, em vários tempos, como o dos românticos, o de Lukács, o de Williams e o nosso, atende pelo nome vilipendiado de revolução.

Na época do filósofo húngaro, a revolução se deu e ele foi um dos primeiros intelectuais prontos para pagar seus preços. No caso de Williams, as promessas embutidas tanto no *front* interno – ele sempre acreditou que a classe operária organizada britânica faria a revolução – quanto no externo – foi um simpatizante de momentos da Revolução Chinesa, da vietnamita e da Cubana – encontraram seus limites históricos. No caso de nosso presente e lugar históricos, a crise se agudiza. Vivemos sufocados na camisa-de-força neoliberal, que fecha alternativas aceitáveis e rouba o fôlego especulativo de nossos intelectuais. Mesmo na crítica cultural, campo sempre relativamente mais autônomo, é difícil para nós determinar qual o melhor caminho a seguir. Com a precisão que lhe é característica, Roberto Schwarz resumiu há poucos dias, em uma exposição oral que reproduzo por minha conta e risco, os movimentos da crítica materialista: houve um momento em que a economia capitalista em processo de consolidação separava, de forma cada vez mais evidente, as pessoas em classes antagônicas. Nesse exato momento, entra o discurso ideológico da união, que descreve a cultura como o reino da comunidade humana, como diria a tradição neo-romântica alemã, ou como a linguagem da humanidade, na fórmula da tradição de crítica cultural inglesa. Nesse estágio, o papel da crítica cultural engajada é demonstrar a falácia dessas posições e mostrar que a cultura está no mundo material e é dele que tem de dar conta. Esse, digo eu, são os momentos de Lukács e de Williams. Hoje, a economia está longe de promover a união das classes, mas certamente iguala todos na condição de consumidores. O consumo, obviamente desigual e em níveis incomensuráveis, é o novo Santo Graal, e nos curvamos diante do culto estruturado pelo fetiche da mercadoria. Nesse sentido, o consumo funciona como um cimento social perverso. A cultura, antes espaço de oposição, mesmo que fosse idealista, assume-se como material nas formas predominantes da indústria cultural, e sua função maior é treinar todos nessa nova religião. Como fazer a crítica dessa conjuntura asfixiante, onde o negativo se potencializa e o positivo se recusa a aparecer no horizonte do provável?

Não é de admirar que muitos optem pelos atalhos sem saída que tentaram nossos predecessores: há muito desespero trágico no ar, muita resignação cínica. Como disse William Butler Yeats sobre uma hora histórica parecida com a nossa: os melhores entre nós não têm nenhuma convicção, enquanto os piores estão cheios de intensidade e paixão. Talvez, uma das maneiras de terminar essa tentativa de homenagem a Michael como intelectual militante seja lembrar uma fala de Adorno sobre o papel designado para o intelectual em um mundo que recusa a ação:

> No presente momento, nenhuma forma mais desenvolvida de sociedade pode ser vislumbrada concretamente: por essa razão, qualquer coisa que pareça estar ao nosso alcance é uma regressão. Mas, segundo Freud, quem regride não atinge o objetivo de seus impulsos. Visto de forma objetiva, o reformismo é uma renúncia, mesmo que ele

se considere o contrário disso e, inocentemente, propague o princípio do prazer. Em contraposição, o pensador que não deixa de ser crítico, que nem empenha sua consciência nem permite que o aterrorizem com a ação, é aquele que efetivamente não desistiu. Além disso, o pensamento não é a reprodução espiritual do que existe. Enquanto o pensamento não for interrompido, ele mantém seu domínio sobre a possibilidade. Por ser insaciável, por resistir à resignação fácil da saciedade, ele rejeita a sabedoria tola da resignação.[10]

Nossos predecessores nos ensinaram que não há respostas fáceis à questão do engajamento intelectual. Mais uma razão para a necessidade imperiosa de encontrá-las. A alternativa é retroceder para o futuro e resignar-se à sua colonização prévia pelos horrores do presente. Não se trata, obviamente, de uma opção aceitável para pessoas como nós, que continuam apostando que construir um outro mundo é o objetivo para o qual devem convergir todas as nossas intervenções.

---

[10] Theodor Adorno, "Resignation", em *The Culture Industry* (Londres, Routledge, 1991), p. 202.

ANEXO

O QUE É ANTICAPITALISMO?[*]
Raymond Williams

Michael Löwy: *Georg Lukács, do Romantismo ao bolchevismo*

Em 1889, József Löwinger, um banqueiro judeu de Budapeste, foi "enobrecido" como József von Lukács. Em 1919, seu filho, Georg Lukács (anteriormente von Lukács), tornou-se Comissário do Povo para Educação e Cultura na República Soviética Húngara. Trata-se, suponho, de um tipo de movimento do Romantismo ao bolchevismo. Mas essas são palavras grandes, ainda maiores quando usadas, como nesse título, para indicar uma passagem do erro à verdade.

O livro de Michael Löwy, traduzido do francês [para o inglês] por Patrick Camiller, é um estudo de extraordinário interesse sobre o desenvolvimento intelectual e político de Lukács. Seu grande mérito reside em analisar as idéias em suas formações sociais e intelectuais: um procedimento necessário na análise marxista, que raramente é seguido em detalhe.

De fato, o trabalho mais importante que Löwy faz está na primeira parte, "Para uma sociologia da *intelligentsia* anticapitalista". A segunda e a terceira analisam as transições de Lukács para o comunismo e o bolchevismo de esquerda, possibilitando-nos ler a importante obra *História e consciência de classe*, que surgiu em 1933. Há ainda um útil capítulo final sobre Lukács e o stalinismo.

É sobretudo na primeira parte que Löwy passa da competência para uma substancial originalidade. Além disso, lidos agora no final do decênio de 1970 e dentro da condição intelectual da Europa ocidental e da América do Norte, as forma-

---

[*] Resenha originalmente publicada na revista inglesa *New Society*, em 24/1/1980. Traduzida por Sandra Guardini Vasconcelos.

ções e os argumentos que ele analisa suscitam muito mais que um interesse acadêmico ou histórico. Naquela geração brilhante, principalmente alemã, entre os anos de 1880 e 1914, foram identificados problemas e alcançadas posições que ainda se desprendem frescos da página. As duras escolhas intelectuais e políticas, incluindo divergências subseqüentes bastante radicais, que sob pressão emergiram do que parecera uma posição razoavelmente comum, têm uma relevância muito próxima, comovente e desafiadora para nossa própria situação estritamente contemporânea.

Eis uma razão por que recuo diante do título, em sua familiar implicação. Naturalmente, uma importante via para fora daquele anticapitalismo substancial, porém difuso, foram a teoria e prática do bolchevismo. Contudo, hoje, a uma certa distância imposta, os problemas daquele caminho, e de alguns de seus pontos de chegada, são demasiado evidentes para nos permitir descartar as posições precedentes, quando elas são úteis de qualquer modo, como meramente preparatórias. Se o difuso anticapitalismo daquela época gastou tanto tempo analisando os problemas da burocracia estatal, das relações entre um sistema industrial moderno e os tipos quantitativos de pensamento e de administração, das diferenças entre as comunidades reais e a ordem social monetária centralizada, dificilmente podemos, desde o final dos anos 1970, supor que estavam perdendo seu tempo ou deixando escapar alguma verdade central simples. O bolchevismo, nessa perspectiva, parece menos uma solução do que um atalho, tanto para novas possibilidades quanto para alguns dos mesmos velhos problemas.

O relato de Löwy a respeito do anticapitalismo pré-1914 é soberbamente detalhado não apenas em seus sumários intelectuais, como também em suas análises dos grupos entre os quais ele foi gerado. Em especial, há uma descrição brilhante do círculo em torno de Max Weber em Heidelberg, a partir de 1906. Seus membros regulares e ocasionais eram extraordinariamente dotados. Mesmo uma lista curta de nomes inclui Ferdinand Tönnies, Werner Sombart, Georg Simmel, Robert Michels, Ernst Troeltsch, Emil Lask, Friedrich Gundolf, Ernst Toller, Karl Jaspers, Ernst Bloch e Lukács. O relato de Löwy acerca das condições sociais – a rápida industrialização alemã e a marginalização das antigas universidades privilegiadas – que, em geral, alertaram e, na maioria dos casos, radicalizaram esse grupo extraordinário é completo e, de modo geral, convincente. Como exemplo dos novos procedimentos da sociologia cultural – análises das formações culturais em situações sociais completas e dinâmicas –, ele deveria ser influente.

Entretanto, há um problema central. Na importante medida em que essa é uma formação cultural real, ela é também, intrinsecamente, uma formação móvel, sob grandes pressões sociais. É muito difícil fazer justiça a isso com algumas das descrições intelectuais mais simples que normalmente são aceitas. Uma delas talvez seja o próprio "anticapitalismo", pois é exatamente sua possível substituição, como hoje, por "anticentralismo" ou "antiindustrialismo" ou "antiburguês", que define as dificuldades centrais. Essas aumentam quando se lhes sobrepõe a própria influente descrição retrospectiva de Lukács – "anticapitalismo romântico".

Há, de fato, posições contra o Estado centralizado, contra o industrialismo e contra uma ordem social comercial burguesa, que podem ser descritas, de modo vago (como é comum hoje), como "românticas". Dito de outra maneira, elas resultam daqueles importantes argumentos e obras que foram tão importantes no período entre 1780 e 1850 – hoje chamado de "romântico" em parte por outras razões –, a favor da liberdade política, da libertação individual, dos valores espirituais e artísticos e contra o dinheiro e o poder. Mas, no momento em que qualquer uma dessas posições se torna anticapitalista, ela já mudou de maneira substancial. Um complexo de causas e processos se centrou no reconhecimento de uma espécie de ordem econômica, baseada no modo capitalista de produção, que pode ser vista como uma inimiga.

É verdade que isso pode tomar, como hoje, diferentes caminhos: ligação com uma ordem social pré-capitalista, com tentativas de preservá-la ou restabelecê-la; deslocamento de sentimentos anticapitalistas contemporâneos para a cultura e arte pré-capitalistas (uma providência prontamente disponível para os intelectuais humanistas); resignação cínica ou, mais seriamente, desespero trágico; ou projeções do socialismo, em variados graus de definição e compromisso, como a próxima ordem necessária. Cada um desses passos foi dado, não apenas na Alemanha pré-1914, mas em toda parte e, de modo bem geral, na Europa ocidental e na América do Norte, até nossa época.

Assim, claramente, os dois primeiros e, às vezes, os três primeiros passos são um anticapitalismo de um tipo especial. O que eles têm em comum é a recusa ou a rejeição do socialismo e, em crise, podem se mover muito rapidamente para a direita. Mas são então um "anticapitalismo romântico"? Alguns românticos, na verdade, fizeram tais movimentos. Outros, não; queriam uma nova ordem social e a queriam real e não literária. Descrever os passos posteriores como "românticos" é, portanto, uma confusão, às vezes deliberada, entre a referência histórica – "romântico" – e o sentido depreciativo de "irrealista", "nebuloso", "não prático". Isso é, em todos os níveis, intolerável, especialmente porque seu principal resultado intelectual é excluir aquelas questões que estavam sendo postas à idéia de socialismo, a partir de muitas posições dentro daquela complexa tradição anterior.

Na realidade, a exclusão de algumas daquelas questões – a natureza e os efeitos da produção industrial moderna e de uma economia do "crescimento"; a liberdade individual; os processos sociais reais da vida política democrática – foi tão prejudicial no período de rejeição confiante desses problemas como noções e escrúpulos "românticos" que ela tem de ser hoje diagnosticada como uma causa importante do dano à teoria e à prática do próprio socialismo.

Mesmo Lukács teve, naturalmente, de se afastar dessas posições mais antigas, em sua relativamente rápida transição para o comunismo e, sobretudo, na posterior adaptação ao stalinismo, durante a qual a maior parte das formulações desdenhosas foi desenvolvida. Porém, a ironia é que, em *História e consciência de classe*, ele recuperou para o marxismo – em parte retornando a elementos negligenciados em Marx, em parte em conseqüência dos elementos mais fortes na problemática anticapitalista – uma dimensão do pensamento social que, em combinação com uma nova política revolucionária, constituiu de fato um grande avanço.

Em especial na análise da "reificação", ele encontrou maneiras de restabelecer a crítica da consciência quantitativa e instrumental e das relações sociais em termos que genuinamente se vinculavam à luta em prol do socialismo. Contudo, é ainda outra ironia não apenas que ele tenha tido de parecer se afastar dessas novas posições – sob a pressão de desdobramentos reais que, na verdade, as estavam tornando ainda mais relevantes –, mas também que, quando elas surgiram novamente, na crise após Stalin, logo foram atacadas nos termos em que ele havia forjado: como idealismo romântico e, na nova retórica injuriosa, como humanistas e moralistas.

Na luta de marxismos que é hoje tão profundamente empenhada, e da qual tanto dependemos, o complexo e contraditório desenvolvimento de Lukács é um caso central. O estudo detalhado, inteligente e essencialmente aberto de Löwy é inestimável, entre outras razões, pelo fato de que pode ser lido contra algumas de suas formulações imediatas. Além disso, com o ressurgimento generalizado de um anticapitalismo difuso, e de todas as variantes que se situam próximas a ele, a necessidade de um engajamento socialista aberto e respeitoso com essas formas contemporâneas vivas torna seu tema geral especialmente relevante.

A DIALÉTICA DA INSERÇÃO SOCIAL DOS INTELECTUAIS

Wolfgang Leo Maar

Meu contato com a obra de Michael Löwy data de 1975, quando usei *Método dialético e teoria política* em minhas aulas na Fundação Getulio Vargas. Logo a seguir, li *Pour une sociologie des intellectuels révolutionnaires: l'évolution politique de Lukács 1909-1929*[1], indicação de meu orientador Paulo Arantes. A obra representou uma contribuição fundamental em minha formação acadêmica.

Prefiro o título da primeira edição brasileira, *Para uma sociologia dos intelectuais revolucionários*, que remete a uma questão de extrema atualidade: a relação dos intelectuais com a política é posta no centro das discussões. No entanto, hoje, no Brasil, estamos preponderantemente diante de pensadores não revolucionários.

Atualmente, há um dilema na questão dos nossos intelectuais, e sua relação com o Partido dos Trabalhadores (PT) é esclarecedora. Os intelectuais do partido, em certo sentido, não podem ser revolucionários; se o forem, deixam de ser intelectuais "do PT" no sentido vigente que lhes é reservado, pois esse grupo político "optou" por se afirmar em estrita adequação à correlação de forças existente. Mas, ao se resignarem aos limites impostos, deixam de ser intelectuais e passam a ideólogos. Aliás, há uma grande parcela de novos ideólogos no PT.

O título atual da tradução do livro de Löwy se baseia na preocupação em evitar um enfoque não devidamente contextualizado, desistoricizado: um estudo geral e

---

[1] Michael Löwy, *Pour une sociologie des intellectuels révolutionnaires: l'évolution politique de Lukács 1909-1929* (Paris, PUF, 1976). A primeira edição brasileira foi intitulada *Para uma sociologia dos intelectuais revolucionários* (São Paulo, Ciências Humanas, 1979); a segunda e atual edição, *A evolução política de Lukács: 1909-1929* (São Paulo, Cortez, 1998).

abstrato sobre os intelectuais. Mas, há na obra, para além da figura do intelectual revolucionário que nos interessa hoje, elementos fundamentais para uma sociologia dos intelectuais apreendidos em seu nexo com a sociedade. Uma sociologia com forte acento teórico-reflexivo, embora sem deixar de centrar no movimento social real.

Löwy procura, em sua interpretação do pensamento de Georg Lukács, um ponto de equilíbrio entre o enfoque estrutural da obra – sob pena de incorrer na abstração – e uma focalização concreta de seu produtor, com o risco de desviar por uma focalização meramente conjuntural. Seu êxito reside em driblar ambas as armadilhas, ao examinar, pela obra de Lukács, o contexto da experiência social de seu autor. Assim, sua análise não é regida nem por fatores conjunturais ou empíricos externos à obra nem por especulações sem ancoragem social.

O que define o intelectual em Lukács, como assinala em diversas oportunidades Löwy, é sua inserção social num universo de formação material concreta da sociedade. Löwy procura dispor, em sua reflexão sobre o movimento do pensamento lukacsiano, a relação da produção intelectual com o seu contexto social e material, em termos de crítica e acomodação. O intelectual é revolucionário por ser crítico da formação social e comprometido com a transformação social dela. Mas, ao mesmo tempo, ele é intelectual por se inserir – como trabalhador intelectual –, de certo modo, também socialmente determinado, na esfera da produção na sociedade em que vive. Nessa medida, o intelectual revolucionário vive uma inserção social cindida, marcada por um duplo compromisso: com a sociedade existente, na qualidade de trabalhador intelectual, e, simultaneamente, com a transformação da mesma, como crítico da ordem vigente em que ele próprio ocupa determinada posição.

A inserção social profunda em relação ao processo de produção da sociedade define o objetivo revolucionário. Apenas essa inserção possibilita ao intelectual ocupar uma posição de transformação. É um problema presente de modo recorrente, e que constitui a mais grave dificuldade da discussão da questão intelectual hoje. Se este se entender inserido como intelectual na sociedade existente, ou seja, se ele assumir as formas da sociedade consolidada – e, nesse sentido, não pode deixar de fazê-lo –, ao mesmo tempo que enunciar críticas a ela, também, inevitavelmente, a reafirmará. Eis o já assinalado dilema, que forma um desafio para o intelectual: ao mesmo tempo que critica, também consolida o que é alvo de sua crítica. Essa se encontra a um passo do conformismo, e vice-versa. Não há "saída" para situação aparentemente paradoxal. Cabe, porém, apreendê-la não estática, mas dinamicamente. Ou seja, tirar todas as conseqüências de a crítica se encontrar inserida em um processo de produção social, do fato de a sociedade existente na qual se situa ser produto dos homens por meio do

A DIALÉTICA DA INSERÇÃO SOCIAL DOS INTELECTUAIS

trabalho social – o seu incluído – e que as próprias formas sociais em que reside também sejam socialmente produzidas.

As circunstâncias da sociedade húngara da época, ao reunir um posicionamento jacobino republicano e uma postura anticapitalista, formaram uma situação favorável a Lukács. O anticapitalismo, na época, estava em certa contraposição com a visão romântica da alienação capitalista como caso particular da "tragédia cultural". O objetivo da revolução, o fim da ação do intelectual revolucionário, era apreendido como um avanço em relação ao posicionamento jacobino republicano no plano da sociedade estabelecida, para atingir o âmago da questão, em que se realiza a própria produção material dessa sociedade. O objetivo é simplesmente abolir as relações sociais de reificação. A teoria da reificação apresentada em *História e consciência de classe* é, para Löwy, o centro da contribuição lukacsiana: a reificação compreendida como determinado processo de formação social munido de uma tendência totalizante. Nessa medida, para Lukács o diferencial do marxismo não é a centralidade sob a perspectiva econômica, mas do prisma da totalidade. Portanto, Lukács avança da crítica marxista à economia de mercado para a crítica marxista à sociedade de mercado, procurando angariar todos os dividendos teóricos desse movimento histórico que apreende pioneiramente, superando, nesses termos, a crítica romântica às conseqüências sociais alienantes – como a quantificação – do modo de produção capitalista.

O objetivo da abolição da reificação não se encontra inserido de imediato na sociedade existente. Mesmo assim, esse fim precisa ser requerido, tendo em vista a perspectiva de que tal sociedade constitui um produto humano, e, também, um modo social de produção desse produto, o que a determina como tendo sido transformada, e, portanto, transformável. A experiência da sociedade é, nesses termos, dialetizada, no âmbito da perspectiva da totalidade acima exposta.

Essa é a posição de Marx, que sempre chamou a atenção para a necessidade de se procurar entender, para além do funcionamento da sociedade existente, o funcionamento da própria formação social desta. Aqui, expressa-se a necessidade de uma focalização mais "profunda" do próprio processo de constituição da sociedade, apta a desvendá-la como "forma social reificada", cujo fundamento produtivo é o próprio homem. Nesse caso, os trabalhadores, além de assalariados, são produtores e reprodutores da sociedade. Por esse prisma, a reificação é, até mesmo, a obstrução da compreensão do próprio processo social formativo – "toda reificação é um esquecimento", afirmaram Adorno e Horkheimer em *Dialética do esclarecimento*[2] –, e

---

[2] Theodor Adorno e Max Horkheimer, *Dialética do esclarecimento* (Rio de Janeiro, Zahar, 1985), p. 213.

a função da consciência de classe "adjudicada" a que Lukács se refere é romper essa obstrução com o fim de constituir um processo social público de formação de vontade política. Como é sabido, essa formação constitui o âmago do processo dialético. Não basta enunciar os parâmetros e os pressupostos da emancipação; é preciso apreender o processo de formação social pública da vontade emancipadora.

• • •

Acompanhemos mais de perto o próprio trajeto da interpretação da obra de Lukács por Löwy. A evolução política de Lukács consiste na transição "da crítica cultural do capitalismo à práxis revolucionária do proletariado", e pode ser compreendida como processo de "dialetização" de sua perspectiva ética. A "ética constitui a chave teórica do processo de mutação de Lukács, como, aliás, ele próprio acentua"[3].

Pouco antes da revolução na Hungria, a sociedade estava "prenhe de uma revolução de caráter combinado, democrático e proletário"[4]. Mas, na situação específica desse país, a ausência da burguesia democrática revolucionária e o caráter reformista do movimento operário impediram que ela desempenhasse "o papel de pólo de atração"[5]. Sobrou, assim, um papel importante à intelectualidade de esquerda. Diferentemente do que ocorria, por exemplo, na Alemanha, a debilidade da dimensão de resignação característica da crítica cultural e um crescente processo de proletarização dos intelectuais conduziram a uma radicalização do estrato de trabalhadores intelectuais. Contudo, enfrentava-se o problema da ação voltada a fins morais. O problema residia no fato de que "a dimensão jacobina antifeudal e a dimensão romântica anticapitalista estavam justapostas sem entrar em relação"[6].

O trajeto do pensamento de Lukács é exemplar nesse sentido. No capítulo intitulado "Como um intelectual se torna revolucionário", Löwy afirma:

> Para que a ética trágica e mística de antes de 1918 se pudesse transformar em política revolucionária, era preciso passar por um processo de *dialetização*, donde o papel crucial da problemática faustiana dos fins e dos meios, que lhe permitiu fazer o "salto qualitativo" do dualismo rígido a uma *mediação* social ativa entre o ser e o dever-ser.[7]

Em seu estágio intelectual radical, porém não revolucionário, Lukács advoga "a abolição da autonomia malsã e imoral da vida econômica, a submissão da pro-

---

[3] Michael Löwy, *A evolução política de Lukács*, cit., p. 175.
[4] Ibidem, p. 110.
[5] Idem.
[6] Ibidem, p. 109.
[7] Ibidem, p. 175.

dução ao serviço da humanidade, das idéias humanistas e da cultura". A passagem entre essas duas formas de sociedade não é "apenas econômica e institucional, implica também uma mudança moral"[8]. Além das transformações econômicas, "depois da tomada institucional do poder, a questão capital é saber se um verdadeiro espírito comunista habita as instituições [...] ou se estas estão esclerosadas pela herança inevitável da sociedade capitalista"[9].

A questão faustiana está desfraldada "num terreno perigosamente minado pela tentação utópica"[10]. Segundo Löwy, Lukács não apreende a mudança nessa fase "como um longo processo histórico de transição para o socialismo, de luta constante entre a planificação consciente e as cegas leis econômicas". Antes, era tomado pela "visão idealista de uma transformação imediata, fulminante e miraculosa"[11].

Em *História e consciência de classe*, por fim, "a evolução do pensamento lukacsiano atinge seu ápice"[12], e a oposição entre ser e dever-ser é então abolida. Aqui se desenvolve a nova perspectiva, designada "realismo revolucionário" por Löwy. Este resume a nova posição que supera o ativismo ético:

> A ação revolucionária justa é aquela que se funda num conhecimento dialético da realidade, que descobre, não em fatos isolados, mas na totalidade dinâmica, as tendências dirigidas para o objetivo final. Mas "esse objetivo final não se opõe como ideal abstrato ao processo, ele é como um momento da verdade e da realidade, como sentido concreto de cada etapa atingida, imanente ao momento concreto".[13]

O realismo revolucionário se contrapõe ao utopismo revolucionário do "olhar arrogante ao interesse momentâneo"[14], bem como à *Realpolitik* do "espectador passivo do movimento das coisas"[15]. Como possibilidade objetiva, ao contrário, para Lukács a consciência de classe é "expressão racional dos interesses históricos do proletariado"[16], não como um além, mas surgindo da práxis real da classe. Assim, "desenvolve-se em *História e consciência de classe* a superação dialética da

---

[8] Ibidem, p. 201.

[9] Idem.

[10] Idem.

[11] Ibidem, p. 202.

[12] Ibidem, p. 207.

[13] Ibidem, p. 210. As citações de *História e consciência de classe* são referidas conforme a edição utilizada por Löwy na tradução francesa: *Histoire et conscience de classe* (Paris, De Minuit, 1960), p. 44.

[14] Michael Löwy, *A evolução política de Lukács*, cit., p. 211.

[15] Idem.

[16] Idem.

polarização entre movimento social e consciência desse movimento"[17], não de modo imediato, mas "conforme graduações que marcam a distância entre a consciência de classe psicológica e a consciência adequada do conjunto"[18]. Esta última é a consciência de classe atribuída ao proletariado. Sem ser nem prática empírica do sujeito de classe nem ideologia importada do seu exterior, ela pode ser vista como "um processo histórico em que a classe se eleva por sua própria experiência de luta"[19].

Isso é caracterizado com muito cuidado, na medida em que, para Löwy:

> Lukács tem o cuidado de distinguir o humanismo marxista do humanismo antropológico. [...] "Marx nunca fala do homem isolado, do homem abstratamente absolutizado, pensa-o sempre como membro de uma totalidade concreta, da sociedade". [...] Tendências românticas podem criticar a desumanidade do capitalismo, mas são incapazes de superar o dilema do empirismo resignado e da utopia [...] e se limitam a colocar o homem como imperativo moral. O humanismo marxista, ao contrário, é realista e revolucionário, parte de contradições concretas da sociedade burguesa e mostra a possibilidade objetiva de tal superação pela ação emancipatória do proletariado consciente, única classe capaz de realizar os valores humanos legados e degradados pelo capitalismo.[20]

Tendo como referência a perspectiva da totalidade, o ponto de vista da consciência de classe faculta o acesso a uma possibilidade objetiva ainda não realizada, ou seja, o controle consciente da produção pela sociedade. Na prática, isso significa colocar-se em uma perspectiva dinâmica, no plano em que se dá a produção da sociedade, e não no plano abstraído pela reificação. Este é caracterizado tanto como sociedade – e não só economia – reificada, quanto como reificação dos próprios homens, por exemplo, os próprios intelectuais que se reificam ao mercantilizarem o produto de seu trabalho. A passagem entre o possível e o existente é, também ela, uma produção da sociedade em que a consciência apta ao ponto de vista da totalidade é decisiva. Essa passagem, a consciência de classe do proletariado, significa o que é teoria para Lukács: "o conhecimento de si da própria realidade social"[21] da produção e reprodução dela, que possibilita a condução consciente da economia para efetivar o que é degradado pelo capitalismo. Assim, consolida-se a conhecidíssima afirmação de Lukács em *História e consciência de classe*, segundo a qual a perspectiva da totalidade, o acesso à condução consciente da produção da

---

[17] Idem, com referência a *Histoire et conscience de classe*, cit., p. 104.
[18] Michael Löwy, *A evolução política de Lukács*, cit., p. 212.
[19] Ibidem, p. 214.
[20] Ibidem, p. 221. A referência a Lukács está em *Histoire et conscience de classe*, cit., p. 234.
[21] Ibidem, p. 35.

A DIALÉTICA DA INSERÇÃO SOCIAL DOS INTELECTUAIS 63

sociedade em suas formas sociais, ultrapassa a perspectiva econômica como principal referencial distintivo do marxismo[22]. A teoria como "conhecimento de si da realidade" será apreendida em uma compreensão dialética da realidade. Isto é, vem de fora da sociedade estabelecida, mas de dentro da totalidade social em que ocorre o próprio processo de produção da sociedade.

O quanto o posicionamento intelectual corresponde a sua inserção social é o eixo permanente da análise de Löwy. O fim do contexto revolucionário da Europa central e o fortalecimento da política do socialismo num só país não deixam de se refletir no trajeto da obra lukacsiana:

> Após uma etapa utópico-revolucionária, de 1919 a 1921, após um curto, mas monumental apogeu realista-revolucionário, entre 1922 e 1924, Lukács, a partir de 1926, inclina-se progressivamente para o realismo estrito e, em conseqüência, politicamente, para a aceitação da *Realpolitik* não revolucionária de Stalin.[23]

A análise de Löwy indica que os próprios intelectuais, ao optarem pelo realismo não revolucionário, situam-se no plano de uma experiência realista da realidade efetiva, de uma relação com a sociedade que é de adequação a ela; enquanto os realistas revolucionários situam-se no plano de uma experiência da sociedade contraditória, tal como esta é efetivamente produzida socialmente pelos homens em suas relações de trabalho e experimentada também de modo contraditório, numa experiência dialética, aberta simultaneamente à adequação e à transformação. Os dois planos distinguem-se pela consciência de classe atribuída. A possibilidade objetiva da transformação, apreendida na dimensão contraditória, da produção efetiva da formação social, "dialetizada", conforme a expressão de Löwy, resulta da conscientização de classe. Consciência de classe significa situar-se no plano da produção da sociedade em suas formas sociais determinadas.

Ao expor tal leitura do trajeto do pensamento de Lukács, Löwy pressupõe uma perspectiva de análise para a própria formação da relação do intelectual e da experiência social com a formação social. Essa é a base para uma *sociologia dialética dos intelectuais em seu nexo social*. Nessa medida, se a "experiência de luta" é realista a consciência permanece no plano da sociedade vigente. A experiência do realismo revolucionário corresponde à dimensão de produção real da sociedade em suas contradições, a possibilidade objetiva "antes" (no sentido da potencialidade a ser efetivada) de ser "realizada". A consciência de classe atribuída é, assim, também, "experiência da possibilidade objetiva", para além de ser experiência da rea-

---

[22] Ibidem, p. 47.
[23] Michael Löwy, *A evolução política de Lukács*, cit., p. 235.

lidade social. Essa é a perspectiva da totalidade a que Lukács se refere. A ocultação da possibilidade não realizada promove a consolidação da realidade em vigor. A condição da continuidade do vigente reside na obstrução da possibilidade objetiva. O intelectual revolucionário, portanto, também precisa se dispor pela perspectiva da possibilidade objetiva, e não só da realidade social em vigor. Esta, efetivamente, vai além do vigente, para o plano do possível. Ela própria é dialética, e está a exigir um prisma dialético para a razão. A crítica, nesses termos, é a cobrança do possível diante do real vigente.

O intelectual que delimita sua experiência no plano da sociedade em que vive obstrui a experiência das possibilidades objetivas e, com isso, impede a crítica. Ao fazê-lo, incontinenti, reafirma o vigente, e deixa de ser crítico e intelectual, pois apenas consolida, re-produz, reflete, apenas produzindo o mesmo: identidade e não conhecimento. Eis o "paradoxo" do intelectual, antes assinalado.

◆ ◆ ◆

Em sua dialética, o intelectual revolucionário precisa ser apreendido em um ambiente duplo. Se o pensador for incapaz de invocar permanentemente uma experiência da sociedade que não se esgota nas formas em vigor da ordem, se revelar inépcia para ultrapassar o plano em que seus serviços intelectuais são demandados no vigente, condena-se não apenas como intelectual transformador: perde-se como intelectual para converter-se em ideólogo, na medida em que o que parecem ser suas idéias se revela frase ideológica. São as "idéias fora do lugar" características da situação brasileira, conforme afirma Roberto Schwarz[24].

Se o intelectual ficar preso às formas sociais estabelecidas, dentro das quais se verifica o jogo político, dominado pela correlação de forças existentes e em cujo âmbito é solicitado a estabelecer algum padrão de ação, ao mesmo tempo que critica determinada posição, ele reafirma essa correlação de forças. Só será verdadeiramente um intelectual se criticar o estado destas e pensar como elas se estabelecem.

Esse é o pano de fundo da crise atual, da crise de uma esquerda que assume o governo mas aceita a correlação de forças existente e, com isso, abre mão da política que importa efetivamente, a que muda a correlação de forças. Na aceitação desta no estado em que se encontra, na ilusão de acumular forças para estabelecer mudanças, existe a armadilha de uma estrita reafirmação da mesma e o abandono da política.

Isso é exatamente o que, para Lukács, não deve acontecer: é preciso ser, além de jacobino, crítico da sociedade estabelecida na qual o jacobino ocupa uma po-

---

[24] Roberto Schwarz, *Ao vencedor as batatas* (São Paulo, Duas Cidades, 1977), p. 13.

A DIALÉTICA DA INSERÇÃO SOCIAL DOS INTELECTUAIS

sição republicana. Daí o anticapitalismo como característica fundamental desse intelectual revolucionário. Nesse sentido, Löwy, mesmo se referindo a Lukács, estabelece bases gerais para uma sociologia da relação do trabalho intelectual com a ação política. O livro é, na verdade, sobre uma sociologia dos intelectuais revolucionários, que, nesse sentido, se repetem na história. Há que distinguir a sociedade em seus vários níveis para atingir aquele em que ela própria é construída como formação social e histórica. Isso viabiliza compreender a relação de Lukács com o stalinismo. Em determinado momento, para ele, o stalinismo deixa de ser uma formação social também produzida, para já ser associado ao modelo de socialismo. O intelectual Lukács se curva a seu "que fazer" ideológico na ordem vigente. Numa dimensão, critica o stalinismo por estabelecer um rígido controle das alianças, até mesmo com os fascistas, e se assumir como inimigo prioritário da socialdemocracia. Mas, simultaneamente, numa outra dimensão, aceita a formação social do stalinismo. A posição de Trotski, por exemplo, é outra, pois pensa num modelo de socialização diferente do defendido por Stalin. Nesse ponto, Lukács abre mão de sua posição anterior de intelectual revolucionário para ser um intelectual engajado numa forma social em relação à qual, àquela altura dos acontecimentos, aparentemente não tem mais dúvidas. Contudo, com a morte de Stalin, com os problemas da Hungria e da Checoslováquia, que abalam a ordem vigente, novamente recuaria a suas posições revolucionárias.

Por fim, existe um pequeno aspecto talvez pouco conhecido no Brasil. Trata-se de um livro intitulado *Verdinglichung und Utopie* [Reificação e utopia], resultante de um colóquio, em 1985, sobre Ernst Bloch e Lukács, por ocasião do centenário do nascimento de ambos[25]. Em sua colaboração para essa coletânea, Löwy examina "o romantismo revolucionário de Bloch e Lukács".

Nessa oportunidade, retoma a questão do intelectual como determinada pela sua inserção social adequada. Não adianta ele se inserir no existente; não conseguirá se expressar, será desprovido de potencial crítico e reduzido ao diagnóstico, quando muito. Só conseguirá ser, de fato, um intelectual, porta-voz de uma tendência de transformação que pode tomar corpo, quando "pegar mais embaixo", ou seja, apoiar-se no processo de produção da sociedade. Assim, justifica-se o vínculo entre os trabalhadores e os intelectuais.

Isso fica muito claro quando Löwy discute a posição de Lukács sobre a obra de Bloch no capítulo central de *História e consciência de classe*, intitulado "A reificação e a consciência do proletariado". Nesse momento, Löwy assume, com toda razão,

---

[25] Arno Münster, Michael Löwy e Nicolas Tertulian (orgs.), *Verdinglichung und Utopie: Ernst Bloch und Georg Lukács zum 100. Geburtstag* (Frankfurt, Sendler, 1987).

a perspectiva de Bloch, contra a interpretação de Lukács. O que importa para os argumentos aqui propostos, porém, é que, ao fazê-lo, ele expõe a dupla perspectiva da produção *na* sociedade e a da produção *da* sociedade em que se produz, como sendo a referência da sociedade e da experiência social, apreendidas ambas em termos dialéticos.

Lukács critica em Bloch o que denomina sua perspectiva economicista: ele estaria vendo a economia como uma forma, esquecendo que a economia é uma forma social em que a realidade da vida se apresenta. Löwy mostra muito bem que, nesse ponto, Lukács se equivoca. Bloch não afirma que a economia "é" assim, mas que, naquela circunstância, há uma "economização" – destaque-se a impressionante atualidade da questão! – dessa forma de produção, a capitalista, que nos leva a pôr de lado aquelas determinações materiais da produção que podem se diferenciar. Isto é, que impõe uma experiência em que não há lugar para a possibilidade objetiva. Bloch pensa – como Lukács – a produção como produção e não como reduzida a resultado produzido; pensa a sociedade como formação, a reificação como algo que é feito por homens e não como algo que temos de aceitar como destino.

Para resumir: ao jogar estritamente dentro das regras do jogo, a crítica, por mais profunda, sucumbe a elas, acaba por reafirmá-las como se fossem destino, e se constitui como força de adequação. Esse paradoxo do intelectual é "resolvido" quando ele abandona esse plano para se re-inserir socialmente de modo a optar até mesmo pela reavaliação crítica das regras. Essa inserção e suas possibilidades objetivas representam o nexo de interação viva entre trabalhadores e intelectuais.

Retomar a obra de Löwy no sentido aqui apresentado significa sublinhar mais uma vez a constatação de que o governo liderado pelo PT desperdiça uma oportunidade histórica, concreta e viva de haver *uma inter-relação orgânica e frutífera entre classe trabalhadora e intelectualidade, presente como possibilidade objetiva pela primeira vez na história do Brasil*. Num país marcado historicamente por ter sido constituído como Estado antes de ser uma nação, os intelectuais são compelidos a pagar o pedágio correspondente. Aqui, eles "pularam" a fase realista revolucionária, transitando diretamente da crítica ética à adequação realista, para manter assim sua vinculação aos favores do Estado, seu provedor material. No Brasil, a produção do intelectual transita, em grande parte, do enfeite utópico à utilidade pragmática. As duas fases correspondem perfeitamente às idéias fora do lugar, convertidas seja em frases seja em louvações. Escapa-lhes a perspectiva da totalidade, e movem-se estritamente no plano da formação social vigente, sem o sentido profundo da dialética a que foi aludido.

Por um breve período, porém, parecia se constituir uma possibilidade objetiva de novo vínculo entre classe trabalhadora e intelectuais, anulada, contudo, seja pela "semiformação" dos intelectuais seja pela "semiformação" da classe trabalhadora: ambos "hipostasiam seu saber limitado como verdade [e] não podem mais suportar a ruptura [...] entre a manifestação e a essência"[26]. Perdem a perspectiva da totalidade que capacitaria uma crítica efetivamente transformadora da sociedade. Sua experiência é uma experiência reificada de luta, cuja crítica é o maior desafio intelectual do presente.

---

[26] Trata-se de referência à semiformação ou semicultura, conforme apreendida por Theodor Adorno e Max Horkheimer em *Dialética do esclarecimento*, cit., p. 182.

MICHAEL E ROSA

Isabel Loureiro

> *Meu primeiro guia nos meandros da política de esquerda foi um amigo um pouco mais velho, Paul Singer, também de cultura judaico-alemã. Graças a ele comecei, aos 16 anos, a ler Marx e, sobretudo, Rosa, que me inspirou uma paixão amorosa, política e intelectual que perdura até hoje: seus escritos "fizeram minha cabeça" e, por mais voltas que tenha dado o mundo, nunca entreguei esta rapadura. Comecei minha vida política como luxemburguista e, de alguma forma, continuo a ser teimosamente fiel a esse primeiro amor.*[1]

É uma grande alegria participar desta homenagem a Michael Löwy, com quem contraí uma dívida muito especial: desde os tempos de estudante li seus textos, que me marcaram pelo espírito revolucionário, antidogmático e criativo na leitura do marxismo, sobretudo sua interpretação da obra de Rosa Luxemburgo, que desde cedo guiou minha própria leitura e com a qual mantive um diálogo constante. Assim sendo, na divisão de trabalho deste seminário propus-me a tarefa de acompanhar a evolução da história de amor de Michael e Rosa durante um quarto de século, ou seja, desde o primeiro texto que publicou sobre ela, em 1975, até o último, em 2000[2]. E há que se dizer logo de saída que, se ele continua teimosamente fiel ao seu primeiro amor, é porque o objeto amado oferece boas razões para isso.

Como bem lembra o título deste seminário, "A obra indisciplinada de Michael Löwy", uma das grandes qualidades intelectuais do nosso homenageado é seu es-

---

[1] "Michael Löwy", entrevista concedida a Ivana Jinkings e Emir Sader, publicada em *Margem Esquerda – Ensaios Marxistas*, n. 4, São Paulo, Boitempo, out. 2004, p. 10.

[2] Utilizarei os seguintes textos de Michael: "A significação metodológica da palavra de ordem 'Socialismo ou barbárie'" em *Método dialético e teoria política* (Rio de Janeiro, Paz e Terra, 1975); "Idéologie et connaissance chez Rosa Luxemburg: le rapport entre marxisme et positivisme dans la social-démocratie allemande avant 1914" em *Marxisme et romantisme révolutionaire* (Paris, Le Sycomore, 1979); "Le communisme primitif dans les écrits économiques de Rosa Luxemburg" em C. Weill e G. Badia (orgs.), *Rosa Luxemburg aujourd'hui* (Paris, PUV, 1986); Rosa Luxemburgo apud Michael Löwy e Robert Sayre, *Revolta e melancolia: o romantismo na contramão da modernidade* (Petrópolis, Vozes, 1995); "Barbárie e modernidade no século XX", "A dialética marxista do progresso", "Por um marxismo crítico" em Michael Löwy e Daniel Bensaïd, *Marxismo, modernidade e utopia* (São Paulo, Xamã, 2000).

pírito aberto, avesso a qualquer tipo de ortodoxia, o que sempre lhe permitiu pensar criticamente o marxismo na busca de alternativas de transformação radical do mundo contemporâneo[3]. É nesse espírito que ele interpreta a obra de Rosa a partir dos anos 1970, investigação que no meu entender se organiza em torno de três eixos.

Num ensaio publicado no Brasil em 1975, intitulado "A significação metodológica da palavra de ordem 'Socialismo ou barbárie'", Michael reconhece que em *Reforma social ou revolução?* sua "querida e admirada Rosa Luxemburgo"[4] não escapa ao "fatalismo revolucionário" proveniente da crença no colapso do capitalismo. Apesar de Rosa insistir que a socialdemocracia não deve ficar sentada à espera do desenlace das contradições do desenvolvimento capitalista, embora diga que a socialdemocracia deve "se apoiar na direção [...] do desenvolvimento e tirar até o fim suas conseqüências"[5], o fato, como Michael reconhece, é que, para Rosa, só há *uma* direção do desenvolvimento: o colapso do capitalismo. A prática da socialdemocracia apenas auxilia um caminho que já está traçado, que é necessário e inevitável[6].

---

[3] Para entendermos o marxismo heterodoxo de nosso autor, é preciso ter em mente que, além de Rosa, Michael navegou desde jovem nas águas do surrealismo, do marxismo humanista, antipositivista e antiestruturalista de Lucien Goldmann, e do Lukács de *História e consciência de classe*; a essas influências teóricas vieram se acrescentar o entusiasmo pela Revolução Cubana, que arrebatou toda aquela geração, e, é claro, a rejeição do marxismo dogmático do Partido Comunista Brasileiro.

[4] Entrevista de Michael Löwy, cit., p. 15.

[5] Michael Löwy, "A significação metodológica da palavra de ordem 'Socialismo ou barbárie'", cit., p. 117.

[6] Essa interpretação é a mesma de John Holloway em *Mudar o mundo sem tomar o poder* (São Paulo, Viramundo, 2003), p. 186-9. Mas o paralelo pára por aqui. Holloway limita-se a analisar *Reforma social ou revolução?* vendo Rosa unilateralmente como uma representante do "marxismo científico". A interpretação de Michael é bem mais nuançada. Em 1979, na contracorrente da voga althusseriana, ao dirigir suas baterias contra o marxismo positivista cujas origens se encontravam na Segunda Internacional, ele mostra de que modo Bernstein e Kautsky, apesar das divergências teóricas, comungam num mesmo ideário positivista que Rosa, já em *Reforma social ou revolução?*, teria sido a primeira a questionar. Essa é uma tese original e pioneira no campo dos comentários sobre Rosa. Como se sabe, *Reforma social ou revolução?* (junto com artigos do mesmo período) é sua obra mais dogmática. Polemizando com o revisionismo de Bernstein, Rosa defende a teoria do colapso do capitalismo como a "pedra angular do socialismo científico" que, segundo ela, decorre da própria análise marxista do capitalismo como processo histórico e, portanto, transitório. Michael deixa de lado, nesse artigo, o viés determinista do pensamento de Rosa para se concentrar em sua postura epistemológica não cientificista, que rejeita a idéia de uma ciência social neutra separando fatos e valores. Para Rosa (e para Michael), o marxismo é uma teoria histórica e dialética que só será superada quando se realizar a transição do capitalismo ao socialismo (Cf. "Idéologie et connaissance chez Rosa Luxemburg", cit).

Nesse sentido, em 1899, o "fatalismo otimista" é uma tentação em Rosa, enquanto em Kautsky ele é o "eixo central de toda a sua visão de mundo"[7]. Segundo Michael, Rosa começa a romper com Kautsky a partir da Revolução Russa de 1905, mas, até 1914, essa ruptura com o "fatalismo socialista" não é total. Só com a Primeira Guerra Mundial "a convicção profundamente enraizada [em Rosa] do advento necessário e 'irresistível' do socialismo" sofre um abalo[8], que se manifesta no livro publicado em 1916, *A crise da socialdemocracia*, em que Rosa lança a palavra de ordem "Socialismo ou barbárie", que para Michael representa uma guinada em sua obra. "Socialismo ou barbárie" significa que:

> Não há *uma* única "direção do desenvolvimento", *um* único "sentido da evolução", mas *vários*. E o papel do proletariado, dirigido por seu partido, não é simplesmente "apoiar", "abreviar" ou "acelerar" o processo histórico, mas *decidi-lo*.[9]

Rosa teria sido a primeira (inspirada em Engels) a pensar explicitamente o socialismo, não como produto inevitável da necessidade histórica, mas como "possibilidade histórica objetiva". "Socialismo ou barbárie" significa, portanto, que:

> Os dados não estão lançados: a "vitória final" ou a derrota do proletariado não são decididas antecipadamente, por "leis de bronze" do determinismo econômico, mas dependem também da ação consciente, da vontade revolucionária desse proletariado.[10]

Barbárie, para Rosa, era a Guerra Mundial, e não a volta da civilização a qualquer estágio anterior. Em suas palavras:

> Essa guerra mundial é uma queda na barbárie. O triunfo do imperialismo leva ao aniquilamento da civilização – esporadicamente, enquanto durar uma guerra moderna, e definitivamente, se o período das guerras mundiais, que acabou de começar, continuar sem entraves até suas últimas conseqüências.[11]

O que interessa a Michael, porém, nesse ensaio de 1975 não é tanto o conteúdo da barbárie, e sim a própria alternativa: "Socialismo *ou* barbárie" significa que o

---

[7] Michael Löwy, "A significação metodológica da palavra de ordem 'Socialismo ou barbárie'", cit., p. 118.

[8] Ibidem, p. 119.

[9] Ibidem, p. 120.

[10] Ibidem, p. 121. Gostaria de chamar a atenção para um pequeno detalhe que mostra o antidogmatismo de nosso homenageado. Num ensaio de 2000, "A dialética marxista do progresso", cit., p. 81, ao retomar essa interpretação, Michael já não fala em proletariado, e sim em "oprimidos", buscando atualizar a teoria de Marx.

[11] Rosa Luxemburgo, "Die Krise der Sozialdemokratie" em *Gesammelte Werke* (Berlim, Dietz, 1987, v. 4), p. 62.

"socialismo é uma possibilidade entre outras"[12]; no caso, uma possibilidade real, e não a luta por um ideal de justiça. Ele está ancorado no desenvolvimento capitalista, mas só pela ação política das massas se realizará efetivamente. Nessa perspectiva, muda o papel da ação. Esta não é mais, como em 1899, algo secundário que deve acelerar ou apoiar a marcha "irresistível" da sociedade, mas o fim socialista é construído pela própria atividade das massas populares. O fim não existe *a priori*, independente do movimento revolucionário. Meios e fins se condicionam reciprocamente.

Influenciado por Lucien Goldmann, Michael faz um paralelo instigante entre a posição de Rosa a partir de 1915 e a aposta de Pascal. Essa idéia, absolutamente central em sua interpretação, é retomada na entrevista à *Margem Esquerda*:

> A aposta – no caso de Pascal, na existência de Deus – não é objeto de demonstração empírica, mas uma opção na qual os indivíduos põem em jogo sua vida e sua ação. O marxismo também está baseado numa aposta, que, ao contrário da de Pascal, é estritamente imanente e histórica: a possibilidade de realização do socialismo, e sua vitória na confrontação com a barbárie. Nenhuma demonstração "científica" pode garantir essa vitória: também nesse caso, ela é objeto de uma aposta na qual os indivíduos e os grupos jogam sua vida e seu futuro comum. Como toda aposta, ela implica um risco, um perigo de derrota, e a esperança de um sucesso.[13]

Num ensaio de 2000, "Barbárie e modernidade no século XX", Michael volta a essa interpretação de Rosa dizendo que, em *A crise da socialdemocracia*, ela

> *rompeu* com a concepção – de origem burguesa, mas adotada pela Segunda Internacional – da história como progresso irresistível, inevitável, "garantido" pelas leis "objetivas" do desenvolvimento econômico ou da evolução social.[14]

E, no mesmo livro, no ensaio "A dialética marxista do progresso", Michael repete que Rosa

> *rompeu*, da maneira mais radical, com toda teleologia determinista, proclamando o *irredutível fator contingente* do processo histórico – o que torna possível uma teoria da história que reconheça enfim o lugar do fator "subjetivo".[15]

---

[12] Michael Löwy, "A significação metodológica da palavra de ordem 'Socialismo ou barbárie'", cit., p. 122.

[13] Entrevista de Michael Löwy, cit., p. 13.

[14] Michael Löwy, "Barbárie e modernidade no século XX", cit., p. 48.

[15] Idem, "A dialética marxista do progresso", cit., p. 81. Grifos meus. No meu entender, Michael exagera ao dizer que Rosa rompeu radicalmente com todo determinismo. Hegel, no prefácio à *Filosofia do direito*, diz, com razão, que "cada um é filho do seu tempo". Rosa não é

MICHAEL E ROSA

Como todos sabemos, o século XX encarregou-se de liquidar de maneira decisiva o otimismo arrogante do marxismo clássico – e dos partidos políticos falando em seu nome – que acreditava "nadar com a corrente", e que está bem resumido na frase de Plekhanov que Michael gosta de citar: "A vitória do nosso programa é tão inevitável quanto o nascimento do sol amanhã". Desde meados dos anos 1970, a nova investida do capital contra as conquistas dos trabalhadores obtidas durante os trinta anos gloriosos não dava margem a dúvidas de que só com muita luta, organização e tenacidade, os oprimidos podiam imaginar uma alternativa à barbárie capitalista. Daí essa insistência pascaliana no "irredutível fator contingente do processo histórico", na idéia de que a história é um processo aberto cujo desenlace depende da ação dos de baixo, de sua consciência, organização, iniciativa: "Não se trata mais de esperar que o fruto 'amadureça', segundo as 'leis naturais' da economia ou da história, mas de *agir antes que seja tarde demais*"[16]. Esse é o primeiro grande eixo da interpretação que Michael faz de Rosa.

O segundo eixo, que aprofunda essa primeira idéia da história como um processo aberto em que o fator subjetivo é decisivo, centra-se nos escritos econômicos de Rosa. Também aqui, Michael é o primeiro (até onde sei) a fazer uma leitura original e extremamente instigante de um livro de Rosa que não foi levado em consideração pelos biógrafos[17] e comentadores. Trata-se da *Introdução à economia política*, redigido na prisão, em 1916-1917, a partir de notas de cursos dados na escola do Partido Socialdemocrata Alemão, de 1908 a 1914, e publicado por Paul Levi em 1925. Michael sugere que, se a *Introdução...* foi deixada de lado, isso se deve não só ao fato de ser uma obra inacabada, mas, sobretudo, de a sua exposição pouco convencional, numa perspectiva marxista: os capítulos sobre a sociedade comunista primitiva e sua dissolução ocupam mais páginas do que a parte dedicada à produção mercantil e à economia capitalista. Para ele, essa ênfase no passado pré-capitalista revelaria em Rosa um traço romântico que não deve ser desprezado, pois dá elementos para uma concepção de história aberta, crítica do progressismo linear da socialdemocracia alemã.

---

exceção à regra. Seu pensamento político e econômico que, como bem mostra Michael, dá elementos para pensar uma concepção de história não-linear, não-progressista, aberta à ação das massas populares, é ao mesmo tempo impregnado pelo marxismo cientificista da época, segundo o qual as contradições do capitalismo levarão necessariamente a seu colapso. Rosa não salta por cima da própria sombra. Michael sabe disso, mas o que lhe interessa, ao acentuar certos traços do pensamento da nossa revolucionária em detrimento de outros, como se lidasse com um "tipo ideal", é fazê-la dialogar com o presente.

[16] Idem, "Barbárie e modernidade no século XX", cit., p. 48. Grifos meus.

[17] Salvo Paul Frölich, embora não seja possível concordar com sua leitura economicista e datada da obra de Rosa. Cf. *Rosa Luxemburg, sa vie et son oeuvre* (Paris, Maspero, 1965), p. 189-91.

Esses escritos:

muito mais do que um resumo erudito de história econômica, sugerem *outra maneira* de conceber o passado e o presente, a historicidade social, o progresso e a modernidade, cuja afinidade com determinados aspectos do romantismo revolucionário é significativa. Confrontando a civilização industrial capitalista com o passado comunitário da humanidade, Rosa Luxemburgo abandona o evolucionismo linear, o "progressismo" positivista e todas as interpretações prosaicamente "modernizadoras" do marxismo dominante em sua época.[18]

Hoje não é mais possível ver na civilização capitalista ocidental, com seu acelerado desenvolvimento das forças produtivas levando à destruição do meio ambiente, o modelo a ser seguido pelo resto do mundo. Esse progresso é, ao mesmo tempo, um retrocesso, como ensinaram os filósofos da Escola de Frankfurt, que nosso homenageado também mobiliza na sua concepção heterodoxa do marxismo. Em vários outros escritos, Michael considera que, perante a iminência da destruição do equilíbrio ecológico do planeta – uma ameaça à sobrevivência da espécie humana –, a questão ambiental é o "grande desafio para uma renovação do pensamento marxista" em nosso tempo, e que ela exige dos marxistas uma revisão crítica da concepção de forças produtivas[19], "uma ruptura com a ideologia do progresso e com o paradigma tecnológico e econômico da civilização industrial moderna"[20].

Na interpretação de Michael, Rosa teria sido uma precursora, não do ecosocialismo, mas como crítica implacável do imperialismo europeu, diferentemente de Marx e Engels, que tomaram partido a favor da usurpação do Novo México por parte dos Estados Unidos. Ela foi a primeira a rejeitar

a necessidade de legitimar a apropriação de zonas atrasadas por parte da civilização como preço "lamentável" porém "historicamente necessário" para o progresso da humanidade em sua marcha para o socialismo.[21]

---

[18] Michael Löwy e Robert Sayre, op. cit., p. 156. Também aqui é possível fazer ressalvas e encontrar formulações em que Rosa vê a história da humanidade como um progresso "de formas inferiores em direção a formas mais elevadas de vida. Essa idéia fundamental sobre a qual repousa toda a ciência social moderna – a concepção da história e a teoria do socialismo científico em particular –, o senhor Grosse, como típico sábio burguês, combate-a com todas as forças" ("Einführung in die Nationalökonomie" em *Gesammelte Werke* [Berlim, Dietz, 1985, v. 5], p. 618). Mais uma vez, temos de reconhecer que Rosa rompe só parcialmente com o espírito de seu tempo.

[19] Seria melhor falar em forças destrutivas, como sugere Michael em *Ecologia e socialismo* (São Paulo, Cortez, 2005), p. 54.

[20] Michael Löwy e Daniel Bensaïd, "Por um marxismo crítico", cit., p. 64.

[21] Fritz Weber, "Implicaciones políticas de la teoria del derrumbe de Rosa Luxemburg", em

MICHAEL E ROSA

Ao lamentar a destruição das culturas primitivas pelo imperialismo europeu, Rosa é surpreendentemente atual, sobretudo se comparada com os comentários de Kautsky, dos quais o Terceiro Mundo estava praticamente ausente[22]. A sensibilidade de Rosa em relação aos povos colonizados tem certamente que ver com sua origem "periférica" de mulher judia e polonesa, numa Polônia ocupada pelo Império Russo.

Aqui, na Rosa crítica do imperialismo, temos o terceiro eixo da interpretação de Michael, que mostra como na *Introdução...* ela assume o ponto de vista das vítimas da modernização capitalista:

> Para os povos primitivos nos países coloniais, a passagem do seu estado comunista primitivo ao capitalismo moderno constituiu uma catástrofe súbita, uma desgraça indizível, repleta dos mais horrorosos sofrimentos.[23]

Ela vê na resistência dos povos nativos contra as metrópoles imperialistas uma luta digna de admiração. Comenta Michael:

> Aparece aqui, em filigrana, a idéia de uma aliança entre o combate anticolonial desses povos e o combate anticapitalista do proletariado moderno como convergência revolucionária entre o velho e o novo comunismo.[24]

Conclusão

A recepção das idéias de Rosa por parte da esquerda (para não falar dos socialdemocratas e dos liberais) sempre foi controversa. Os ataques contra ela começaram em 1925, na época da bolchevização do Partido Comunista Alemão, quando Ruth Fischer disse que Rosa e sua influência "nada mais eram que um bacilo de sífi-

---

J. Trías e M. Monereo (orgs.), *Rosa Luxemburg: actualidad y clasicismo* (Madri, El Viejo Topo, 1999), p. 53.

[22] E. Mandel, prefácio a Rosa Luxemburgo, *Introduction à l'économie politique* (Paris, Anthropos, 1973).

[23] Ibidem, p. 201.

[24] Michael Löwy e Robert Sayre, op. cit., p. 154. Michael comenta aqui uma passagem de *Introduction à l'économie politique*, p. 92. Em *Acumulação do capital*, Rosa toma partido a favor das particularidades das nações subdesenvolvidas, mostrando o capitalismo europeu como um sistema "usurpador" que permitiu às nações européias enriquecerem à custa do resto do mundo. "Ela foi a primeira a tematizar a relação entre a riqueza no Primeiro Mundo e a pobreza no Terceiro, a primeira a situar a lógica do subdesenvolvimento e, portanto, da acumulação do capital no plano mundial. (Para Marx, os lucros procedentes do colonialismo são só *um* elemento entre outros similares que explicam a acumulação primitiva. É em Rosa que as regiões não-capitalistas ocupam uma função *necessária* para o desenvolvimento das metrópoles)" (F. Weber, op. cit., p. 54).

lis"[25]. Derrotada em vida, insultada pelo stalinismo depois de morta, ela acabou se transformando durante o século XX em um dos ícones mais valorizados da esquerda radical. Basta lembrarmos a rebelião estudantil de 1968, que em seu nome se opunha ao autoritarismo dos partidos de massa centralizados e hierárquicos; basta lembrarmos a oposição na antiga República Democrática Alemã, que saía às ruas no dia do aniversário do seu assassinato empunhando cartazes (em clara oposição ao regime ali implantado) com a famosa frase sobre a "liberdade dos que pensam de maneira diferente". No caso do Brasil, não quero deixar de mencionar Mário Pedrosa, nosso grande crítico de arte, fundador da oposição de esquerda no final da década de 1920 (e membro número um do PT), que defendia a concepção luxemburguista de partido de massas contra o autoritarismo do PC brasileiro. Vale aqui, para o caso de Rosa, a frase com que Karl Liebknecht encerrou seu último artigo, antes de ser assassinado: "há derrotas que são vitórias e há vitórias mais fatais que derrotas".

Só para acrescentarmos uma linha ao diálogo de Rosa com o presente, que Michael sempre soube conduzir com mão de mestre, lembremos que, não por acaso, ela é uma das musas inspiradoras do Movimento dos Trabalhadores Sem Terra (MST), tanto por ser uma figura revolucionária e humana exemplar – Rosa nunca trocou os princípios socialistas pela política pragmática – quanto por suas idéias libertárias. Sua defesa da ação direta e da experiência das massas para a formação de um espaço público popular, essencialmente democrático e socialista, continua a exercer uma atração irresistível sobre a esquerda radical. Essa, diferentemente dos "velhos e bem comportados companheiros da socialdemocracia defunta, para quem os carnês de filiação são tudo; os homens e o espírito, nada"[26], como escreve Rosa ao sair da prisão, em novembro de 1918, continua acreditando que vale a pena lutar por uma política de esquerda ao mesmo tempo revolucionária e enraizada nos problemas do presente. O que Rosa chamava modestamente de "*Realpolitik* revolucionária".

---

[25] Essa recepção não é até hoje ponto pacífico. Em 2001, o governo de Berlim (uma coalizão SPD/PDS) quis erguer um monumento em homenagem a Rosa na praça que leva seu nome. Surgiram ataques de todos os tipos na imprensa, desde desacreditá-la como democrata, passando pelo questionamento de seu antimilitarismo (ela só teria se voltado contra a guerra imperialista, mas não contra a guerra civil, pois defendia a revolução), até ironizá-la como mulher que nunca recebeu uma proposta de casamento dos amantes, o que poria em questão sua feminilidade. Cf. E. Wittich, "Debatte um ein Denkmal für Rosa Luxemburg: Reproduktion von Vorurteilen oder Beginn einer differenzierten Geschichtsaneignung?", *Utopie Kreativ*, Berlim, abril de 2004.

[26] Rosa Luxemburgo, "Eine Ehrenpflicht" em *Gesammelte Werke*, cit., v. 4, p. 406.

WALTER BENJAMIN: OS USOS DO TEMPO
Olgária Matos

Em seu livro *Do amor,* Stendhal pergunta: "como descrever a felicidade, se ela não deixa recordações?"[1]. Nessa anotação, o escritor francês relaciona – como também o fará Benjamin em outro contexto – felicidade, tempo e memória como quem dispõe um desafio teórico, pois se trata de uma felicidade que, uma vez transcorrida, não oferece nenhum rastro. Constitui, desse modo, uma inquietante contradição, uma vez que é, simultaneamente, "sobrevivência e vazio". Assim, essa relação requer uma razão não discursiva, semelhante à imaginação, cujo modo de proceder consiste, como dizia Kant, em representar na intuição um objeto mesmo em sua ausência. Os objetos da memória são *phantásmatas*, imagens do nada, daquilo que *não é* mais. A memória da felicidade, destinada a reificar-se em um monumento cristalizado, só pode fazer alusão ao que a felicidade passada realmente foi. Sendo assim, a recordação legada como herança ao presente é silenciosa. A descrição da felicidade é tão árdua, mas não impossível. Empreendê-la exige a decifração prévia de seus hieróglifos mudos – como o são moedas desgastadas e talismãs –, circunstância que Baudelaire formula de maneira concisa, escrevendo ser necessária, para reaver a felicidade, "a força do amuleto demonstrada pela filosofia"[2].

Pode-se dizer que Benjamin tomou por tarefa o desafio de Stendhal e procurou prover a demonstração ansiada por Baudelaire. Em outras palavras, a relação

---

[1] Stendhal, *Do amor* (trad. Roberto Leal Ferreira, 2. ed., São Paulo, Martins Fontes, 1999), cap. XXXII.

[2] Charles Baudelaire, *Meu coração a nu; precedido de fogachos* (trad. João da Costa, Lisboa, Guimarães, 1988), cap. LXXXII.

com o passado não pode consistir em "idolatria do fato puro" – que Benjamin enunciou na crítica à ideologia do progresso ou da evolução na história. Sua Tese II de "Sobre o conceito de história" apresenta uma clara cisão, um nítido dualismo: do tema da felicidade como acontecimento individual, Benjamin passa a sua extensão universal. Ele escreve:

> [...] a imagem da felicidade que cultivamos está inteiramente tingida pelo tempo a que, uma vez por todas, nos remeteu o decurso de nossa existência. Felicidade que poderia despertar inveja em nós existe tão-somente no ar que respiramos, com os homens com quem teríamos podido conversar, com as mulheres que poderiam ter-se dado a nós.[3]

E na seqüência lê-se, e agora já na bipartição da tese:

> Com a representação do passado, que a História toma por sua causa, passa-se o mesmo. O passado leva consigo um índice secreto pelo qual ele é remetido à redenção. Não nos afaga, pois, levemente, um sopro de ar que envolveu os que nos precederam? Não ressoa nas vozes a que damos ouvido um eco das que estão, agora, caladas? E as mulheres que cortejamos não têm irmãs que jamais conheceram? Se assim é, um encontro secreto está então marcado entre as gerações passadas e a nossa. Então fomos esperados sobre a terra. Então nos foi dada, assim como a cada geração que nos precedeu, uma fraca força messiânica, à qual o passado tem pretensão.[4]

Trata-se, nessa segunda parte, da questão de como representar o passado. A conexão entre as duas seções lembra a temática medieval da relação entre o particular e o universal, sobre a idéia de história que está ligada à definição de homem, compreendido tanto como singular quanto como *mathesis universalis*. Em outras palavras, o entendimento da primeira parte da tese não seria possível sem o da segunda, pois se busca a redenção como alegria do presente e no presente. Reconhece-se aqui, como em nenhuma das outras teses, o sentimento de exílio da subjetividade, a idéia de uma expropriação originária, cuja percepção é tanto ontológica quanto cotidiana, constante atualização do passado em um átimo do presente. Na "Infância berlinense por volta de 1900", Benjamin explicita essa idéia, a imagem da instantaneidade dramática do momento e a estrutura temporal da recordação:

> Nada impede de conservar mais ou menos claros na memória lugares onde passamos apenas 24 horas e esquecer completamente outros onde permanecemos meses. Portanto, não é sempre culpa de uma exposição por demais breve à luz se no lastro da

---

[3] Walter Benjamin apud Michael Löwy, *Walter Benjamin: aviso de incêndio – uma leitura das teses "Sobre o conceito de história"* (São Paulo, Boitempo, 2005), p. 48.

[4] Idem.

recordação não comparece qualquer imagem. Talvez com mais freqüência, o crepúsculo de um hábito prive por anos o lastro da luz necessária, até que um dia ela ressurja de uma fonte estranha, como da pólvora de magnésio inflamada, e, nesse ponto, na imagem de um instantâneo, aquele lugar imprime seu lastro. No centro dessas raras imagens, estamos sempre nós mesmos.[5]

Esse momento, como o de um instantâneo fotográfico, é o primeiro passo do conhecimento histórico ao qual deve suceder a revelação do negativo para que a verdade histórica venha à luz na forma positiva. Tal procedimento fotográfico bloqueia, por assim dizer, a dinâmica do devir no instante, e a imagem dessa maneira fixada permite alcançar a fisionomia do que se encontra imerso em um detalhe. É assim que o detalhe se torna singular, visível e perceptível, subtraído à falsa totalidade na qual o inserem a tradição e os sistemas filosóficos, o que permite uma nova compreensão da história e, no caso, sua redenção. Como observa Michael Löwy, ao analisar a Tese II de "Sobre o conceito de história", felicidade e redenção encontram-se como afinidades eletivas: "Benjamin a situa [a redenção] em primeiro lugar na esfera do indivíduo: sua felicidade pessoal pressupõe a redenção de seu próprio passado, a realização do que poderia ter sido mas não foi"[6]. Na idéia de passado, Benjamin inscreve as ocasiões perdidas, o "ar que respiramos", "as mulheres que poderiam ter-se dado a nós". Continua:

> Segundo a variante dessa tese, que se encontra em *Das Passagen-Werk*, essa felicidade (*Glück*) pressupõe a reparação do abandono (*Verlassenheit*) e da desolação (*Trostlosigkeit*) do passado: A redenção do passado é simplesmente essa realização e essa reparação, de acordo com a imagem de felicidade de cada indivíduo e de cada geração.[7]

Felicidade, redenção e messianismo encontram-se enunciados nas teses tanto na memória individual quanto na história coletiva, sendo a redenção – como um raio ultravioleta – a mais imperceptível de todas as mudanças[8]. Indenização do passado, dos sofrimentos e das injustiças, ela é também imunização, o que reavê seus sentidos de origem. *Immunis* era, na Roma Antiga, aquele liberado de encargos, serviços, impostos e obrigações em relação à comunidade, e seu correlato *múnus* tem a mesma raiz do "comum" de uma comunidade. Franquia ou isenção,

---

[5] Idem, *Gesammelte Schriften*, VI (Frankfurt am Main, Suhrkamp, 1991), p. 516. [Ed. bras.: *Obras escolhidas*, São Paulo, Brasiliense, 1987.]

[6] Michael Löwy, op. cit., p. 48.

[7] Idem.

[8] Walter Benjamin apud Michael Löwy, op. cit., p. 58.

transportados para o domínio do direito constitucional ou internacional – como na imunidade parlamentar –, pertencem também à história da Igreja cristã e ao direito canônico; nesse caso, a imunidade dos templos significa a inviolabilidade do asilo. Com a biologia, a "imunidade" adquire uma autoridade particular: ela é a reação que protege, produzindo anticorpos, a indemnidade do corpo contra antígenos estranhos e, por isso, imunidade é proteção. Indenização e imunidade reportam-se, em registro messiânico e em linguagem abraâmica, ao perdão. O perdão não pertence ao domínio da política, do direito e da justiça, mas diz respeito a uma ética hiperbólica[9], para além das leis, normas ou obrigatoriedade. Ética para além da ética é o lugar não localizável do perdão. Mas, aqui, reside a antinomia: só se perdoa o que é imperdoável, pois, de outra forma, a justiça seria suficiente para reparar um dano. O perdão é incondicional, não se restringe a uma estratégia de compensação, mas, antes, a um átimo disruptivo do tempo histórico que atualiza o passado para além da "idolatria do fato" e do "ocorrido" próprios do historicismo e do positivismo na história – o primeiro postula uma essencialidade no passado; o segundo, sua objetividade. Figurando a consciência não definitiva da percepção do tempo, o messiânico revela o não definitivo do definitivo ou do ocorrido e manifesta-se na faculdade de perdoar, pois o perdão não se acomoda ao *fait accompli*. Colocando-o em questão, reabre a dimensão da liberdade incondicional ou absoluta, não por ser o perdão arbitrário, mas por revelar a possibilidade de afastamento e abandono do estatuto definitivo do tempo; atualização do trabalho do tempo, o perdão é ruptura com o primado histórico da sucessão e da continuidade temporal. Em "Crônica berlinense", Benjamin escreve que "a revolução deve seguir não o caminho descendente do ódio, mas o ascendente da oração". Nesse sentido, messianismo e perdão permitiriam ser assim enunciados:

> O essencial do tempo consiste em ser um drama, uma multiplicidade de atos em que o seguinte é o desenlace do primeiro. O ser não se produz mais de uma só vez, irremissível em sua presença. A realidade é o que ela é, uma dramática dos fenômenos, mas será mais uma vez livremente retomada e perdoada.[10]

Por ser messiânico, o tempo pode ser redimido, como se lê em "Imagens de pensamento" de *Rua de mão única*, sobre a catedral de Marselha, cuja construção durou quarenta anos:

---

[9] Cf. Jacques Derrida, *Pardonner: l'impardonnable et l'imprescriptible* (Paris, L'Herne, 2005); *Força de lei* (trad. Leila Perrone-Moisés, 1. ed., São Paulo, Martins Fontes, 2006).

[10] Emmanuel Lévinas, *Totalité et infini* (Paris, Gallimard, 1992, Livre de Poche), p. 317. [Ed. em português: *Totalidade e infinito*, trad. José P. Ribeiro, Lisboa, Edições 70, 1988.]

Na praça mais infreqüentada, mais ensolarada, fica a catedral. Aqui é deserto, apesar de ela ter ao sul, a seus pés, *La Joliette* e o porto, e, ao norte, encostar diretamente em um bairro operário. [...] No entanto, quando, em 1893, tudo estava concluído, o tempo e o espaço já tinham conspirado contra os arquitetos e mestres-de-obra, e dos abundantes recursos do clero resultara uma gigantesca estação ferroviária, que nunca pôde ser entregue ao tráfego. Na fachada se distinguem as salas de espera no interior, onde viajantes da primeira à quarta classe (embora diante de Deus todos sejam iguais), comprimidos em seus pertences como entre malas, ficam sentados a ler livros de cânticos, que com suas concordâncias e correspondências [índices que reúnem ou mencionam as passagens da Bíblia que se assemelham] se parecem muito com os horários dos trens internacionais. [...] Extratos do regulamento do tráfego ferroviário estão pendurados na forma de cartas pastorais. [...] Eis a estação da religião de Marselha.[11]

O sagrado e suas profanações, o sagrado que já é profano, satânico e mundano[12], são a maneira benjaminiana de ingressar na compreensão da modernidade e da história – o que se faz por uma dialética que não é devir e inquietação, não é *Aufhebung*, como em Hegel, mas sim uma paradoxal "dialética na imobilidade", uma *Dialektik im Stillstand*. Nesse sentido, o conhecimento dialético que permite a redenção e a felicidade não se realiza no campo neutro da esfera transcendental ou no laboratório ascético da lógica formal. A "dialética na imobilidade", como as "imagens dialéticas" (outro paradoxo, uma vez que a imagem pertence, na tradição hegeliano-marxista, ao empírico – abstrato e inessencial –, e a dialética, ao concreto e ao pensamento por conceito), imerge naquilo que parece, na história, particular e contingente, justapondo fragmentos em uma colagem de elementos heterogêneos, já operante, segundo Benjamin, nas criações do Barroco.

A alegoria no Barroco previne a adesão a um sentido único, imediato e atemporal de coisas e acontecimentos. Por isso, Benjamin encontra as origens da empatia, da identificação com um fato "tal qual ele efetivamente foi", na *acedia*. Escreve Löwy:

A *acedia* é o sentimento melancólico da todo-poderosa fatalidade, que priva as atividades humanas de qualquer valor. Conseqüentemente, ela leva a uma submissão total à ordem das coisas que existem. Enquanto meditação profunda e melancólica, ela se sente atraída pela majestade solene do cortejo dos poderosos. O melancólico, por excelência,

---

[11] Walter Benjamin, *Rua de mão única* (trad. Rubens Rodrigues Torres Filho e João Carlos Martins Barbosa, 2. ed., São Paulo, Brasiliense, 1987, *Obras escolhidas*, v. II), p. 200. Tradução um pouco modificada.

[12] Cf. Giorgio Agamben, *Profanações* (trad. Selvino J. Assmann, São Paulo, Boitempo, 2007).

dominado pela indolência do coração – a *acedia* –, é o cortesão. A traição lhe é habitual [...]. O equivalente moderno do cortesão barroco é o historiador conformista.[13]

Colocando a história no tribunal dos homens – nesta revolução copernicana na qual não é a história que julga os homens, mas o contrário – as imagens dialéticas são a contrapartida extrema da dialética hegeliano-marxista, pois, para a redenção messiânica dos acontecimentos, é preciso operar com o método da montagem e da colagem, caras ao surrealismo, uma vez que não constituem um *medium* de representação entre o significado e seu referente objetual: para Benjamin, o significado do objeto constitui-se no momento em que os termos extremos entram em contato. A contigüidade do heterogêneo produz o efeito de um "alarme" que os retóricos barrocos buscavam no acúmulo de estereótipos em suas alegorias, realizando a promessa que o conceito não consegue cumprir: conferir um sentido ao objeto em sua totalidade, de maneira substancialista. O Barroco trabalha com o acidental, o efêmero, o indeterminado, o não redimido. Assim, a imagem dialética que, no Barroco e no Surrealismo, aproxima-se da estética, protesta contra o "terrorismo intelectual" da objetividade cientificizante ou da continuidade histórica reformista; a primeira, presente nos partidos de inspiração leninista; a segunda, na ideologia socialdemocrata reformista ou revisionista. Dessa forma, Benjamin afasta-se da contradição, pois ela pertence ao campo do pensamento de Hegel e de Marx, que, por temor de perderem-se no caótico, preferem diluir a imagem e tratá-la como "falsa aparência". No momento da imobilização dialética, dá-se o "agora da cognoscibilidade" – o momento do perigo, mas também o da epifania do significado do passado que o presente torna atual; eis o instante em que, explicitando-o, assim como também suas esperanças e promessas de felicidade, o "agora da cognoscibilidade" não trai o passado. Como escreve Richard Wolin, citado por Löwy, "a tarefa principal da crítica materialista é, sobretudo, a preservação e a explicação do potencial utópico secreto contido no cerne das obras de cultura tradicionais"[14]. Desse modo, a ação revolucionária não pretende liberar o futuro para aí construir uma "*civitas Dei*" mundana, mas é do passado que provém a energia que dá impulso à história, pois ele traz consigo "um índice secreto pelo qual ele é remetido à redenção"[15], como escreve Benjamin na Tese II.

No horizonte da redenção, história e destino são noções contraditórias, pois a felicidade e a beatitude conduzem para fora do destino; história e felicidade rea-

---

[13] Michael Löwy, op cit., p. 71-2.
[14] Richard Wolin apud Michael Löwy, op. cit., p. 79-80.
[15] Walter Benjamin apud Michael Löwy, op. cit., p. 48.

brem o passado. Nele, o materialista histórico, analogamente ao alegorista barroco, procura a felicidade sabendo que ela estará sempre velada de nostalgia. A felicidade é melancólica porque ela implica a "dor do lar", o retorno ao universo dos sonhos e da memória, retorno ao que na história se dispersou, perdeu-se e se esqueceu, mas que subsistem nos sonhos do tempo, em seus rastros e reminiscências. Nas *Passagens,* Benjamin dedica um de seus arquivos às "moradas de sonho" – as arcadas de Paris do século XIX, referindo-se a Joséphin Péladan, ocultista de prestígio freqüentado pelos surrealistas, simbolistas e decadentistas, entre os quais André Breton. Na diferença entre *oreinos* – aqueles sonhos ligados à oniromancia, às visões, predições e profecias – e *enypion* – os sonhos não oraculares – , encontra-se a influência de Breton e do Surrealismo, apesar de Benjamin não reconhecer como método de sua onirocrítica a escrita automática e a autonomia do inconsciente. Na *Carta às Videntes*, o surrealista francês diz ser sua meta não o aprendizado que provém de experiências já vividas, mas a experiência do que ainda não se viveu e, por "iluminações profanas" e "acaso objetivo", traça o programa de contato com outras realidades que não a dos fenômenos. Proclamando-se *flâneur*, está afeito ao inesperado, disposto a recomeçar, todos os dias, a vida: "a rua", escreve Breton, "à qual eu acreditava entregar minha vida, com seus surpreendentes desvios, a rua, com suas inquietações e seus olhares, era meu verdadeiro elemento. Lá, eu recebia, como em nenhum outro lugar, o vento do eventual". Oximoro no entender racionalista, o acaso objetivo é indissociável da entrega de si – e de sua conseqüência: a relação mágica com a cidade. A deambulação do *flâneur* é já "magia propiciatória". Operando um deslocamento nos significados da *flânerie* e do sonho surrealista, Benjamin volta-se para Baudelaire e para a "vida anterior". Não o passado, mas o futuro torna-se representação do inexistente, incapaz de produzir desejos, pois, para Benjamin, a felicidade só pode exercitar-se no presente que guarda vestígios das ocasiões perdidas. Só assim o presente redime o passado e é felicidade. Mas uma tal formulação da alegria talvez não seja senão uma "teoria da tristeza", tristeza que não pode ser diretamente expressa ou representada.

A felicidade é contemplação e acaso, mas em sentido próprio, como no jogo:

> O sucesso é um encontro marcado – encontra-se no lugar certo, na hora certa. [...] Isso significa pois: compreender a língua na qual a sorte faz seu acordo conosco. [Aquilo que se denomina] acaso é, na gramática da sorte, o mesmo que, na nossa, o verbo irregular, ou seja, o rastro não apagado de uma força primitiva [a presença de espírito].[16]

---

[16] Walter Benjamin, *Rua de mão única*, op. cit., p. 190-1.

Aqui, o sentido benjaminiano do destino e do acaso. Só há destino se a escolha for infeliz, pois, no acaso favorável – aquele captado pela presença de espírito – realiza-se a felicidade:

> O fato de que o segredo do sucesso não mora no espírito é revelado pela língua com a expressão "presença de espírito". Assim, não é o *quê* nem o *como*, mas só o *onde do espírito* que determina. Que ele esteja presente no momento e no espaço, isso só se consegue penetrando o tom de voz, o sorriso, o emudecer, o olhar, o gesto. Pois "presença de espírito" só o corpo é que cria.[17]

Encontro marcado do espaço com o tempo, a felicidade revela sua natureza dialética não por ser temporal, mas sim imaginal. Tudo aqui dá a pensar as relações que Benjamin estabelece entre felicidade e redenção messiânica, fora do campo da violência, embora o ensaio "Para uma crítica da violência" e as teses "Sobre o conceito de história" contrariem muitas de suas reflexões. Em ambos os escritos, trata-se da violência que se prolonga no direito, por um lado, e na importância do ressentimento e da vingança dos vencidos da história, por outro. Se o Messias pode chegar por uma porta estreita, é por indicar uma ruptura no tempo da continuidade do terror, comportando um elemento que não depende só do próprio homem para o desenlace das contradições políticas e históricas. De onde o "caminho ascendente da oração" – que permitiria compreendê-lo como "perdão"[18]. Este supõe despedir-se das dores do passado e acolher a felicidade, como no fragmento "Conto e cura", em que é possível e preciso, através da narrativa, cicatrizar as dores do passado, redimindo a infelicidade:

> Se imaginamos que a dor é uma barragem que se opõe à corrente da narrativa, então vemos claramente que é rompida onde sua inclinação se torna acentuada o bastante para largar tudo o que encontra em seu caminho ao mar do ditoso esquecimento.[19]

---

[17] Idem.

[18] O perdão rompe com a linearidade da sucessão ininterrupta da história, seja como progresso, seja como tragédia, pois torna o tempo reversível, simultâneo em todas as direções.

[19] Walter Benjamin, "Conto e cura", em *Obras escolhidas,* op. cit., v. II, p. 269.

PARTE
3

DA ESQUERDA CRISTÃ
À TEOLOGIA DA LIBERTAÇÃO
Alfredo Bosi

Desejo inicialmente exprimir meus sentimentos de satisfação e honra por participar deste seminário promovido por estudiosos da obra de Michael Löwy.

Meu primeiro contato com nosso homenageado data de outubro de 1988. Michael procurou-me para conversarmos sobre a história do socialismo cristão no Brasil, que eu podia testemunhar, embora só parcialmente, como participante do movimento da Juventude Universitária Católica no final dos anos 1950 e, logo depois, como simpatizante das correntes progressistas das igrejas cristãs que definiram uma linha de esquerda desde os anos 1960 até aquele momento e, posso dizer, até hoje.

Olhando em retrospecto a trajetória intelectual de Michael, vejo que, naquela altura, ele estava cumprindo mais um passo no seu itinerário marcado pela procura intensa e coerente de convergências entre tendências de pensamento e de ação que nem sempre andaram juntas. E que, sobretudo, nem sempre foram contempladas como afluentes de uma mesma corrente de idéias e valores, dadas as diferenças de origem dos seus seguidores.

Ora, era exatamente esse trabalho de aproximação que Michael estava empreendendo quando tive a oportunidade feliz de dialogar com ele sobre seus estudos. Naquele mesmo ano, saía na França a sua obra *Rédemption et utopie: le judaïsme libertaire en Europe centrale. Une étude d'affinité élective*[1]. A expressão-chave tinha sido encontrada, e, de fato, o que o estudioso alcançara era a identificação

---

[1] Ed. bras.: *Redenção e utopia: o judaísmo libertário na Europa central* (um estudo de afinidade eletiva) (trad. Paulo Neves, São Paulo, Companhia das Letras, 1989).

de afinidades eletivas. Nessa obra, o judaísmo libertário realizava, idealmente, o encontro do profetismo bíblico, do messianismo judaico e das aspirações de libertação social que o pensamento marxista propôs à inteligência revolucionária nos séculos XIX e XX.

Como sabem os leitores de Michael, ele vinha estudando temas marxistas desde 1970, quando publicou, pela Maspero, *La théorie de la révolution chez le jeune Marx*[2], obra a que se seguiram os ensaios sobre Lucien Goldmann, seu mestre constante, e os livros sobre os marxistas e a questão nacional de 1848 a 1914, sobre a evolução política do jovem Lukács, sobre o marxismo e o romantismo revolucionário e sobre o marxismo na América Latina.

A descoberta de afinidades eletivas, entretanto, não se detinha no encontro de judaísmo libertário e marxismo, relação que, de algum modo, já fora sugerida pela interpretação dos ideais do marxismo como sucedâneo leigo e materialista dos messianismos religiosos. Michael procurava, então, entender outra corrente religiosa e – no seu desdobramento – política igualmente voltada para a libertação social (portanto, de esquerda): a Teologia da Libertação. Lembro que, naquele fim da década de 1980, ela não só já havia dado seus frutos maduros como parecia estacionar, porque a hora era de defesa diante dos ventos contrários que vinham da Cúria Romana e do pensamento neoliberal já então dominante.

O resultado das novas pesquisas de Michael, que entrevistou no Brasil alguns dos principais intelectuais e militantes do cristianismo de esquerda, foi seu livro, editado em 1989, *Marxisme e théologie de la libération*[3]. Revendo os primeiros números da revista *Estudos Avançados*, vejo, com satisfação, que ele publicou, no número 5, de abril do mesmo ano, um artigo substancioso, cujo título é "O catolicismo latino-americano radicalizado".

Daí por diante, seu interesse em conhecer e interpretar esse movimento e suas conexões com as forças populares atuantes na América Latina só tem crescido. Um livro muito bem documentado e pensado, nessa direção, é *La guerre des dieux: religion et politique en Amérique Latine*[4], de 1998, cuja leitura me parece de grande proveito para o aprofundamento dos nexos entre cristianismo e política em nossa América.

Podemos dizer que, com o seu último ensaio, em torno das teses de Walter Benjamin sobre o conceito de história, *Walter Benjamin: aviso de incêndio*, que a Boitempo publicou em 2005, Michael perfaz o seu ciclo de afinidades eletivas. O

---

[2] Ed. bras.: *A teoria da revolução no jovem Marx* (Petrópolis, Vozes, 2002).

[3] Ed. bras.: *Marxismo e Teologia da Libertação* (São Paulo, Cortez, 1991).

[4] Ed. bras.: *Guerra dos Deuses: religião e política na América Latina* (Petrópolis, Vozes, 2000).

messianismo bíblico e o marxismo aberto e diferenciado de Benjamin encontrarão, a meu ver, um interlocutor empático em todo cristão que subscrever a frase de Marx: "A religião é a alma de um mundo sem alma" – proposição sem dúvida mais promissora do que o desalentador anátema: a religião é o ópio do povo.

A Teologia da Libertação dentro da história do cristianismo progressista

Uma questão de caráter histórico, mas de evidente alcance teórico, costuma ser proposta quando se indaga a origem da Teologia da Libertação. Essa corrente de idéias e valores deve ser interpretada como a radicalização de certas tendências progressistas do catolicismo francês e do protestantismo liberal europeu da primeira metade do século XX?

Mesmo considerando que a resposta a essa pergunta deve ser positiva, sempre convém entender melhor as semelhanças e as diferenças entre a ponta-de-lança e aquelas posições renovadoras que antecederam e, de certo modo, prepararam e enformaram o *aggiornamento* que significou o Concílio Vaticano II, convocado por João XXIII e realizado entre 1962 e 1965.

Embora seja tentador remontar a um passado distante e sondar o caráter radical dos messianismos medievais ou as lutas proféticas dos anabatistas alemães do século XVI, inspirados por Thomas Münzer, creio que, para o discurso que nos concerne agora, um ponto de referência mais pertinente é a obra de um defensor do capitão Dreyfus, um polemista desafiador do anti-semitismo francês do fim do século XIX, um ardente socialista cristão: o admirável poeta Charles Péguy, consensualmente apontado como a matriz de um cristianismo aberto aos ideais de transformação social. Basta o testemunho de grandes pensadores marxistas como Gramsci, Benjamin e Mariátegui para acolhermos a figura de Péguy como a de um precursor do que de mais autêntico se encontra na aliança entre cristianismo e socialismo ao longo do século XX.

Quem retoma sua herança, na França do entre-guerras, é Emmanuel Mounier, criador do personalismo cristão, que propõe a supressão da propriedade capitalista e sua substituição pela propriedade comunitária. Mounier funda a primeira revista cristã de centro esquerda de que temos notícia, *Esprit*, núcleo aglutinador do pensamento socialista cristão da Europa antes da Segunda Guerra Mundial e, por isso, vista com olhos suspeitosos pela burocracia vaticana. Em linha paralela, um grupo de resistentes à ocupação alemã na França de Vichy, verdadeiros *partisans* cristãos, formou-se em torno da revista *Témoignage Chrétien*. Mounier foi leitura obrigatória dos católicos progressistas desde os anos 1940 até o começo dos anos 1960, período de fermentação de uma teologia política que, em grande parte, desaguaria na doutrina social renovada do Concílio Vaticano II.

Não podendo, pela exigüidade do tempo desta comunicação, mapear os caminhos múltiplos de Mounier, a quem pessoalmente tanto devo, lembro apenas que uma das tônicas do seu pensamento é *a idéia da morte de uma cristandade fechada em si e refratária à história contemporânea*. A certeza de que ao cristão não resta senão o imperativo de lutar pela transformação "deste mundo", para que o pedido "venha a nós o vosso Reino" não seja uma frase vã, foi um dos móveis da ação cultural de Mounier, e certamente influiu nos projetos de resistência política e mudança estrutural da sociedade capitalista que inspirariam os movimentos da esquerda católica.

A Teologia da Libertação, que nasceu oficialmente em 1970, pôde constituir-se como um corpo coeso de doutrina porque, dos anos 1930 aos 1960, adensou-se um pensamento socializante e democratizante no interior da Igreja, sobretudo francesa, o que é ressaltado nos estudos que Michael Löwy faz das origens do cristianismo de esquerda latino-americano.

Há várias balizas a serem fincadas nesse itinerário. Algumas marcaram fundamentalmente não só uma doutrina renovada, mas, o que é mais importante, uma práxis transformadora. Como não salientar a experiência corajosa dos "padres-operários" espalhados em paróquias populares da França nos anos 1950? Tampouco se pode esquecer que essa tentativa de encarnação de discípulos de Cristo no meio dos oprimidos foi estimulada e intelectualmente confortada por alguns teólogos dominicanos, que, na hora amarga em que Roma a interrompeu, partilharam solidariamente sua condenação e foram reduzidos ao silêncio – precisamente como, trinta anos depois, aconteceria com alguns dos mais combativos construtores da Teologia da Libertação.

As obras desses teólogos franceses formaram a base do pensamento social cristão. No campo da política latino-americana, elas contribuíram para que os democratas-cristãos saíssem do seu tímido centrismo e se aproximassem de uma coerente centro esquerda, como ficou evidente na evolução partidária do começo dos anos 1960 no Brasil e, um pouco mais tarde, no Chile. O governo de Salvador Allende, que terminou tragicamente em 1973, delegou aos socialistas cristãos, encabeçados por Jacques Chonchol, o projeto e a implementação de uma reforma agrária feita com tanta inteligência e com tanto equilíbrio que conseguiu sobreviver à derrubada do regime.

Nessa altura da reconstrução histórica, é de estrita justiça salientar o nome do intelectual católico que viveu integralmente as várias transformações da sua fé: Alceu Amoroso Lima. Conhecido por seu pseudônimo literário, Tristão de Ataíde, ele foi o mentor da passagem de uma doutrina ortodoxamente democrata-cristã, inspirada principalmente em Jacques Maritain, a uma forma humanista de socia-

DA ESQUERDA CRISTÃ À TEOLOGIA DA LIBERTAÇÃO

lismo cristão, ou, se quiserem, de socialdemocracia cristã, que o tornou um crítico lúcido do reacionarismo da União Democrática Nacional (UDN), do lacerdismo truculento e da política de represssão instaurada pelo golpe de 1964. Foi Alceu que cunhou a expressão "terrorismo cultural".

Quem viveu os anos que precederam tal golpe sabe que grande parte dos antigos democratas-cristãos acabou integrando-se no movimento nacional pelas reformas de base do presidente João Goulart, aliando-se aos comunistas, aos socialistas e aos trabalhistas, então liderados por Leonel Brizola (nada que ver com o Partido Trabalhista Brasileiro, PTB, atual). Tive a honra de colaborar no jornal *Brasil Urgente*, fundado por um dominicano mineiro, frei Carlos Josaphat. *Brasil Urgente* congregou, entre 1962 e o golpe de 1964, intelectuais que aderiam a essa frente única pelas reformas de base.

Simetricamente, dez anos depois, formava-se no Chile um movimento similar, *Cristianos por el Socialismo*, que, em pleno governo de Allende, precisamente em 1972 – um ano antes de sua queda –, convocava os cristãos para se incorporarem ao processo revolucionário por meio de uma aliança ético-política com todas as forças de libertação popular.

Todo esse movimento de idéias foi adubado por uma teologia voltada para a valorização do homem diante da desumanização capitalista. O infatigável padre Lebret, que não era teólogo, mas pensador da economia e um crente no desenvolvimento social (que ele não confundia com o crescimento econômico bruto), foi perito em doutrina social nas sessões do Concílio, graças à indicação de dom Helder Câmara. Em 1966, Lebret recebeu de Paulo VI a incumbência de redigir a mais avançada das encíclicas, a *Populorum progressio*, em que o capitalismo é abertamente denunciado. Sua influência no catolicismo de esquerda brasileiro foi notável. Militantes da estatura de Franco Montoro, Plínio Arruda Sampaio e Francisco Whitaker foram seus auxiliares diretos. Eis um exemplo positivo de implante ideológico de longa duração[5].

---

[5] O itinerário do padre Lebret foi estudado por Denis Pelletier em *Economie et humanisme, de l'utopie communautaire au combat pour le Tiers Monde, 1941-1966* (Paris, Cerf, 1996). As obras de Lebret, editadas nas décadas de 1950 e 1960, puseram em evidência a distância crescente entre as nações desenvolvidas e os povos então chamados subdesenvolvidos: latino-americanos e africanos. O caráter selvagem do capitalismo mundial, que ele não hesita em chamar de "imperialismo", inspirava-lhe propostas de desenvolvimento humanizado, via planejamento democrático do Estado, reforma agrária e substanciais investimentos públicos em infra-estrutura, habitação, saúde e educação. Seus pontos de vista maduros aproximam-no das teses da Comissão Econômica para a América Latina (Cepal), no Chile, e dos teóricos do reformismo desenvolvimentista no Brasil a partir do segundo governo de Getúlio Vargas, de quem recebe apoio graças à mediação de Josué de Castro, Raúl Prebisch

No campo específico da teologia, os dominicanos estavam trabalhando fundo, desde os anos 1950. Um frade extraordinariamente agudo, Marie-Dominique Chenu, havia escrito uma obra seminal, em 1954, *Pour une théologie du travail.* Por apoiar os padres-operários, foi silenciado, o que não impediu que seu livro circulasse e fecundasse os seminários dominicanos entre nós, de onde saíram os orientadores da Juventude Universitária Católica até os meados da década de 1960, quando esta foi supressa pela hierarquia temerosa da repressão militar.

Outra figura que moveu as águas numa direção que atribuía maior importância aos leigos, reduzindo o caráter clerical e freqüentemente autoritário da hierarquia, foi o padre Yves Congar. Sua obra sobre a teologia do laicato inspira, até hoje, a idéia de democratizar, mediante colegiados, a vida das igrejas particulares. A colegialidade seria uma das reivindicações dos teólogos da Libertação, suspeitos, por esse motivo, de "liberalismo protestante" por alguns censores vaticanos.

Mas não só de pensadores alimentou-se esse cristianismo renovado. É bom lembrar, e Michael Löwy o faz oportunamente, o nome de um dominicano profético, antes pregador fogoso do que homem de gabinete, que incendiou a imaginação dos nossos militantes ao longo dos anos 1960, incomodando, o mais que pôde, a hierarquia e as autoridades: Jean Cardonnel, que interveio nas comemorações de 1º de maio de 1961 incitando os trabalhadores, cristãos ou não, a se unir contra a opressão do capital. A Cardonnel se atribui uma frase que fez escândalo: Deus não é tão mentiroso como certa paz social". No seu livro *Dieu est pauvre*[6], encontramos formulações que poderiam, mais tarde, ser subscritas por teólogos da Libertação centrados precisamente na imagem do Cristo pobre, como Gustavo Gutiérrez.

Seria fácil multiplicar exemplos de religiosos e leigos que radicalizaram o catolicismo social e extraíram dos textos do Concílio todas as proposições que confirmavam seus ideais de socialização e democratização não só da vida da Igreja, mas, sobretudo, da vida da sociedade leiga abrangente. Entretanto, a questão das origens da Teologia da Libertação não se esgota na história da esquerda católica tão rudemente atingida nos anos 1960 e 1970. A Teologia da Libertação iria trazer algo de novo em relação ao cristianismo aberto de militantes e teólogos europeus.

---

e Celso Furtado. Lebret foi, em todo esse período, a ponte entre o projeto de desenvolvimento humanizado e a esquerda cristã latino-americana. Nas palavras de Pelletier, "Na gênese do terceiro-mundismo católico do movimento Economia e Humanismo, o Brasil serviu, de certo modo, de laboratório e de terreno de experimentação (*Economie et humanisme*, cit., p. 303).

[6] Ed. port.: *Deus é pobre* (Lisboa, Figueirinhas, 1970).

DA ESQUERDA CRISTÃ À TEOLOGIA DA LIBERTAÇÃO

A novidade da Teologia da Libertação: uma reflexão sobre a práxis dos cristãos latino-americanos engajados na luta contra a exploração e a opressão

O que distinguiria o fundo doutrinário da Teologia da Libertação dos discursos socializantes explícitos no cristianismo de esquerda preparado pela reflexão teológica européia?

Para responder cabalmente essa pergunta-chave, é necessário traçar o mapa das proposições centrais da doutrina, verificando, caso a caso, em que apenas retomam, ou em que radicalizam as conquistas do cristianismo progressista dos anos 1950 e 1960:

l) A crítica do individualismo burguês é comum a ambas as direções. Igualmente comum é a proposta de superação da mentalidade burguesa pela consideração positiva de valores comunitários de solidariedade que se oporiam ao *ethos* competitivo e agressivo do capitalismo nacional e internacional.

Aqui, reponta uma primeira distinção. O catolicismo progressista alinhava-se com propostas da esquerda da democracia cristã (na Itália, no Chile, no Uruguai e no Brasil), em termos de uma participação maior do Estado social na estrutura econômica, via planejamento e apoio ao desenvolvimento nacional, das quais a obra e o movimento Economia e Humanismo do padre Lebret são exemplos. A Teologia da Libertação *desloca a ênfase política para a militância popular, que deveria preceder e exigir as reformas legislativas do Estado.* A tônica de todos os seus teóricos é inequívoca: é da consciência política dos explorados e oprimidos, em geral, incluindo camponeses, proletários, negros e índios, que deverão partir as propostas realmente transformadoras, que o *establishment* liberal burguês não está disposto a realizar, por óbvios interesses de dinheiro e de poder. Um livro como *A força histórica dos pobres*[7], do peruano Gustavo Gutiérrez, é transparente nessa linha de pensamento.

Voltado animosamente para o futuro, como toda cultura de horizonte coletivo, o novo pensamento teológico desentranha da história bíblica a sua matriz narrativa: o drama épico do Êxodo, que conta a libertação do povo hebreu, seu enfrentamento com o poder absoluto do faraó, a saída do Egito, onde suportava a mais dura escravidão, a passagem pelo mar Vermelho e a busca da Terra Prometida durante os quarenta anos de travessia pelos desertos do Sinai.

Vêm a propósito estas palavras de dom Paulo Evaristo Arns, dirigidas à Congregação para a Doutrina da Fé que, em 1984, instaurava um processo de censura aos teólogos da Libertação brasileiros:

---

[7] *A força histórica dos pobres* (Petrópolis, Vozes, 1981).

Na América Latina, a libertação não é um mero argumento acadêmico, objeto de considerações abstratas. A libertação é um drama de todos os dias: o sangue, a fome, a humilhação e a honra de centenas de milhões de pessoas que lutam para sobreviver por causa do fechamento egoísta ou da indiferença de uma minoria privilegiada aliada com as potências deste mundo.[8]

2) Essa diferença básica de contexto condiciona a diversidade das ênfases doutrinárias e políticas.

O catolicismo progressista francês, belga, holandês, alemão ou italiano opera dentro de formações nacionais capitalistas sem dúvida mais homogêneas do que as das nações latino-americanas. Situações extremas de fome e violência são raras no interior da Europa ocidental. Há desequilíbrios, mas o grau de intensidade é notoriamente menor do que o escândalo da má distribuição de renda que fere todos os países da América Latina. Daí a urgência de uma *pastoral de libertação*, isto é, de um apoio decidido das igrejas locais aos movimentos populares, o que justifica a presença maciça de cristãos no movimento sandinista da Nicarágua, onde a Teologia da Libertação despertou a feroz oposição da hierarquia ao longo dos anos 1980. Na mesma direção entendem-se as relações estreitas entre alguns sacerdotes de vanguarda e o movimento zapatista de Chiapas; e o conflito sangrento ocorrido em El Salvador no final dos anos 1970, que levou ao assassínio de seis jesuítas e à morte do bispo dom Oscar Romero.

No Brasil, os conflitos têm ocorrido principalmente no Centro-Oeste e na Amazônia, onde o número de militantes sindicais mortos pelos capangas dos latifundiários é alarmante. O recente assassinato da freira norte-americana Dorothy Stang nos adverte que a situação de terror, tantas vezes denunciada por dom Pedro Casaldáliga em São Félix do Araguaia, está longe de encontrar seu fim.

A Pastoral da Terra e a Pastoral Indígena, ambas nascidas sob a orientação de um bispo que aderiu à Teologia da Libertação, dom Tomás Balduíno, têm apoiado publicamente o Movimento dos Trabalhadores Rurais Sem Terra, cujo líder, João Pedro Stedile já declarou, mais de uma vez, ser filho de Leonel Brizola e da Pastoral da Terra.

Em Lima, uma das maiores favelas da América Latina, Villa El Salvador, com 400 mil moradores, conseguiu eleger seu próprio prefeito, graças a

---

[8] Paulo Evaristo Arns, *Dalla speranza alla utopia testimonianza di una vita* (Milão, Biblioteca Francescana, 2004), p. 348. [Ed. bras.: *Da esperança à utopia: testemunho de uma vida* (Rio de Janeiro, Sextante, 2001).]

um intenso trabalho das comunidades de base, provando que as perseguições movidas contra Gustavo Gutiérrez em nada alteraram a prática política dos militantes cristãos peruanos.

Lembro também que, nos chamados anos de chumbo da ditadura militar brasileira, entre 1968 e 1974, a luta pelos direitos humanos foi sustentada pelo cardeal dom Paulo Evaristo Arns, de São Paulo, que sempre se manifestou simpaticamente em relação aos teólogos da Libertação, tendo-os acompanhado e defendido em Roma, quando se instaurou o processo que iria atingir Leonardo Boff.

3) Influência ou circularidade?

Uma interpretação próxima do marxismo de *A ideologia alemã* destaca a precedência das práticas sociais populares em relação às teses radicais dos teólogos da Libertação. Para essa leitura, a Teologia da Libertação seria a reflexão e mesmo a teorização das práticas de vários movimentos de cunho popular, reformista ou revolucionário desencadeados na América Latina a partir da década de 1960.

Há verdade histórica nessa afirmação, mas me parece que não é uma verdade absoluta. Senão, vejamos:

a- A organização das Comunidades Eclesiais de Base (CEBs), que se multiplicaram nos bairros populares de milhares de cidades latino-americanas (principalmente brasileiras), data do final dos anos 1960 e começo dos 1970, sendo, portanto, *contemporânea* das primeiras obras que se definiam explicitamente como Teologia da Libertação, por exemplo, os livros pioneiros de Hugo Assmann, Gutiérrez e de Leonardo Boff, que começaram a ser lidos ao longo da década de 1970. A partir de certo momento, houve reciprocidade de influências, afinidade de linguagens, mas quer-me parecer que a prática das CEBs, de um lado, e as teses da Teologia da Libertação, de outro lado, foram desdobramentos das posições terceiro-mundistas do Concílio.

A tese de que era absolutamente necessário dar voz às comunidades religiosas latino-americanas e africanas só ganhou força porque o número de sacerdotes e peritos vindos do Terceiro Mundo foi surpreendente no Concílio de 1962-1965, a tal ponto que surgiu nesse período a inflexão antiimperialista de tantos teólogos católicos de todo o mundo. *Era como se o Terceiro Mundo descobrisse, pela primeira vez, que suas carências e propostas tinham vez no centro do catolicismo.*

Pouco depois do fim do Concílio, houve um encontro de toda a Igreja latino-americana na cidade de Medellín, de onde saiu, em 1968, um corpo de doutrina pastoral francamente voltado para os pobres do continente. Ao invés de se falar em defender a Igreja, falava-se em pertencer ao *povo de Deus*, expressão que repercutiu em todo o mundo católico.

Assim, tanto as comunidades de base que, naquela altura, começaram a organizar-se, quanto a proposta de uma Teologia da Libertação dos oprimidos, no plano teórico, são frutos dessa *tomada de consciência*, segundo a qual, definitivamente, a América Latina não poderia ser evangelizada nos mesmos termos da Europa.

Em síntese, ou se assumiam as causas dos explorados, ou nada tinha acontecido de novo a partir do Concílio, do *aggiornamento* e das encíclicas de João XXIII e Paulo VI. Desse modo, não se pode dizer que a Teologia da Libertação tenha nascido apenas da prática das comunidades, mas que, encontrando-se com estas, marcou sua diferença em relação ao caráter ainda bastante especulativo dos teólogos europeus progressistas.

b- A luta contra o centralismo da Cúria romana.

Ao longo do pontificado de João Paulo II (1978-2005), vários teólogos alemães e holandeses reivindicaram uma descentralização na vida da Igreja. (Na verdade, essa aspiração de maior liberdade de expressão, liturgia e critérios pastorais vem do chamado Modernismo do começo do século XX, que punha em xeque o dogma da infalibilidade papal, tão rejeitado entre os cristãos liberais do mundo inteiro quando foi decretado por Pio IX por ocasião do Concílio Vaticano I, em 1870.) O papa, mediante a ação do cardeal Ratzinger, afastou de suas cátedras os teólogos Hans Küng e Edward Schillebeeckx, censurando as opiniões dissidentes da Igreja holandesa, que levava adiante propostas democratizantes ao dar peso às deliberações das assembléias locais. Simetricamente, o projeto de substituir a Igreja-instituição centralizadora pelo povo de Deus – realidade aberta – teria um sentido forte no catolicismo latino-americano. Aqui, mais ainda do que na Europa, as comunidades trazem em si uma cultura e, em alguns casos, componentes étnicos altamente diferenciados. A idéia da Igreja-povo e, onze anos depois de Medellín, a proposta de Puebla da "opção preferencial pelos pobres", avivaram a consciência do caráter peculiar das comunidades populares latino-americanas, algumas indo-americanas, como no México, na Guatemala, no Equador, no Peru, na Bolívia e no Paraguai, outras afro-americanas, como ocorre na Bahia, no Maranhão, na Colômbia, na Venezuela e em todo o Caribe. Uma linguagem aderente ao *ethos* popular, uma valorização antropológica do catolicismo rústico, afro, quéchua, aymara ou guarani marcaram os anos 1970 e 1980, e levantaram suspeitas de paganização por parte de Roma, inquieta pela fusão de religiões animistas e liturgia católica tradicional. Na Europa, o ecumenismo limita-se a encontros entre católicos, protestantes e ortodoxos. Mas, na América Latina e na África, evidentemente, o projeto ecumênico precisa ir além das denominações tradicionais, o que é um tento da Teologia da Libertação.

Situação atual da Teologia da Libertação

Não faltam os coveiros da Teologia da Libertação. O que não deve causar estranheza. Os inimigos do socialismo, das ideologias transformadoras e da própria história estão sempre dispostos a engendrar teorias apocalípticas por meio das quais enterram definitivamente tudo o que não entendem ou não apreciam. Fim do socialismo, fim das utopias, fim das ideologias, fim da historia: um festival de necrológios. Por que a Teologia da Libertação não teria o mesmo triste fim?

Por isso, foi com alívio e prazer que li o último capítulo do livro *La guerre des dieux*, de Michael. Ele enfrenta precisamente a questão da sobrevida da Teologia da Libertação. Suas conclusões estão longe de ser catastróficas. Começa admitindo, realisticamente, que a doutrina vem sofrendo, desde os anos 1970 e, mais agressivamente, nos anos 1980, os ataques combinados de duas instâncias entre si muito diferentes: a Cúria Romana, dominada pelos conservadores após a morte de Paulo VI, em 1978, e a escalada neoliberal internacional, que procura desqualificar todas as tendências de esquerda, venham de onde vierem.

Não se pode esquecer que, antes da ascensão do neoliberalismo global, os anos 1970 foram marcados, na América Latina, por governos de direita, em geral militares, que perseguiram encarniçadamente os movimentos sociais apoiados por socialistas cristãos. A Argentina de Onganía, o Chile de Pinochet, a Bolívia de Hugo Banzer, o Peru de Morales Bermúdez, os governos de direita da América Central, como os do Haiti, da Guatemala e de El Salvador, assassinaram padres e leigos suspeitos de colaborar em guerrilhas ou grupos de oposição. A morte do jesuíta Ignácio Ellacuría, notável teólogo basco que colaborou com dom Oscar Romero, ocorreu em 1989, o que mostra a continuidade das tensões entre o exército e o clero progressista nos países centro-americanos.

A história do cristianismo engajado na luta pela libertação dos oprimidos na América Latina ainda está à espera de um reconhecimento exaustivo. Contamos já com uma obra fundamental do historiador e teólogo Enrique Dussel, *De Medellín a Puebla*, que examina com profundidade o que aconteceu entre 1968 e 1979[9]. É uma história de violência e morte. Só para lembrar:

---

[9] Enrique Dussel, *De Medellín a Puebla* (São Paulo, Loyola, 1981-1983)

- Em Honduras, foram assassinados, em 1975, os padres Iván Betancourt e Casimiro Zephyr, que trabalhavam pela promoção humana dos camponeses.
- Na Guatemala, o franciscano Augusto Ramírez, pároco em Antigua Guatemala, foi estraçalhado, e seu corpo apareceu abandonado na rua, em 7 de novembro de 1983. Sabe-se, hoje, que não foi o único dos sacerdotes perseguidos pelo exército.
- Em El Salvador, os massacres estão ligados ao conflito entre a pastoral camponesa e os latifundiários do café, poderosamente sustentados pelas autoridades civis e militares: em 1977, foram assassinados os padres Rutilio Grande e Alfonso Navarro; em 1978, o padre Barrera Motto; em 1979, o sacerdote Octavio Ortiz. Até 1983, registrou-se a morte de cerca de duzentos militantes cristãos das CEBs salvadorenhas.
- No México, as comunidades sofreram um duro golpe com o assassinato, em março de 1977, de Rodolfo Aguilar, pároco de um bairro pobre de Chihuahua.
- Na Colômbia, pátria de Camilo Torres, das guerrilhas e do clero mais reacionário da América Latina, foi assassinado, em 1984, um padre de filiação indígena, Álvaro Ulcué Chocué, envolvido na luta dos camponeses nativos do Cauca pela ocupação das terras das quais os latifundiários os haviam expulsado.
- No Equador, houve um episódio que sinaliza bem a censura oficial à Igreja progressista: dezessete bispos latino-americanos (quatro deles chicanos vivendo nos Estados Unidos), ao voltar de um encontro das CEBs em Vitória, foram presos na cidade de Riobamba no dia 12 de agosto de 1976. Atentariam contra a segurança nacional[10]? Não por acaso, datam dos anos 1970 as lutas do bispo de Riobamba, monsenhor Leonidas Proaño, a favor de uma reforma agrária justa, que contemplasse as populações indígenas da região de Chimborazo. Como se sabe, as forças progressistas do Equador têm sofrido duros revezes diante da velha aliança das oligarquias com os interesses petroleiros norte-americanos.

Entretanto, as sementes deram fruto, e há algo de irreversível no movimento liderado pelos teólogos da Libertação. O espírito democrático que inspirou as CEBs permanece em muitas associações de classe e de bairro, e nas assembléias

---

[10] A Conferência de Puebla, realizada em 1979 em clima de grande tensão entre progressistas e conservadores, condenou a ideologia da Segurança Nacional, atitude que, sublinha o padre Comblin, foi "corajosa, porque naquele momento o poder militar estava no auge" (ver José Comblin, "Puebla: vinte anos depois", *Perspectiva Teológica*, n. 84, maio-agosto de 1999, p. 216).

DA ESQUERDA CRISTÃ À TEOLOGIA DA LIBERTAÇÃO

diocesanas. O mesmo acontece com a formação dos religiosos que a censura não pôde alterar profundamente.

A esquerda cristã latino-americana é difusa, mas, por isso mesmo, tem tido a capacidade de animar iniciativas de cunho popular, como é o caso do Orçamento Participativo em várias cidades brasileiras. O movimento dos sem-terra, demonizado pela grande imprensa liberal burguesa, continua crescendo, e sua linguagem deve muito ao encontro de Teologia da Libertação com um marxismo aberto, democrático.

Michael observou com acerto que nenhum dos teólogos da Libertação, censurados ou não, mudou suas posições. Ao contrário, aprofundaram-nas e estenderamnas. Há, hoje, uma Teologia da Libertação feminina e, sinal dos tempos, um forte interesse pela ecologia, nos termos do cristianismo cósmico de Teilhard de Chardin.

O respeito ao caráter peculiar das várias culturas para as quais se vem traduzindo a mensagem do Evangelho suscitou uma proposta fecunda, a partir dos anos 1990: a da *inculturação*, que já está sendo trabalhada na Pastoral Indígena e na Pastoral Afro-Americana[11].

Parece-me que não se deve recear um retraimento (que teria ocorrido nos últimos anos) da ênfase da Teologia da Libertação nos problemas cruciais da pobreza e da marginalidade que a globalização veio aguçar em todos os povos do Terceiro Mundo. Pelo contrário. Diante do avanço brutal das posições neoliberais, alguns teólogos têm aprofundado questões candentes de economia política.

A condenação da idolatria do dinheiro pelo dinheiro e da correspondente "teologia do mercado" retoma, em linguagem cristã, a denúncia do fetichismo da mercadoria, que faz parte do legado marxista. Um economista de formação acadêmica rigorosa, Franz Hinkelammert, contrapõe-se aos esforços grotescos de aleluiar o capitalismo financeiro intentados por *Chicago boys* bem postos em empresas transnacionais, bancos, ministérios, na grande imprensa e em não poucas universidades[12]. Sobre o caráter idolátrico e sacrificial das teorias correntes de marketing,

---

[11] No campo dos estudos missionários indígenas, ver Paulo Suess, teórico da inculturação e autor de *Evangelizar a partir dos projetos históricos do putro* (São Paulo, Paulus, 1995). A proposta de inculturação na pastoral, na liturgia e no próprio pensamento teológico já estava implícita nas teologias africanas dos anos 1960, como bem assinala Antônio Aparecido da Silva no texto "Caminos y contextos de la teología afro en el panorama de la teología latinoamericana", em Juan José Tamayo e Juan Bosch (orgs.), *Panorama de la teología latinoamericana* (Estella, Verbo Divino, 2001), p. 583-610.

[12] Entre as obras de Franz Hinkelammert, destaca-se, pelo pioneirismo de suas análises ao mesmo tempo econômicas e teológicas, *As armas ideológicas da morte* (São Paulo, Paulinas, 1983). Avançando em outras direções, *El mapa del imperador* (San José de Costa Rica, Departamento Ecumênico de Investigaciones, 1996).

destacam-se as reflexões de Jung Mo Sung, particularmente em *Teologia e economia: repensando a Teologia da Libertação e utopias*[13] e em *Desejo, mercado e religião*[14].

Em diretriz convergente, a Conferência Nacional dos Bispos do Brasil (CNBB) criticou abertamente as privatizações selvagens dos anos 1990, o projeto da Área de Livre Comércio das Américas (Alca) (sobre o qual convocou plebiscito nacional em 2003), bem como o pagamento da dívida externa nos moldes monetaristas e espoliadores que o governo brasileiro continua adotando.

E, para terminar, lembro que a Teologia Negra norte-americana, fundada pelo pastor protestante James Cone, sem conexão prévia com os teólogos católicos latino-americanos, continua viva e ativa, alimentada por movimentos que lutam bravamente pelo fim do preconceito racial[15].

O fermento foi posto na massa e não há como impedir que ela cresça. Ou, para sermos fiéis à leitura da primeira tese sobre a história de Walter Benjamin, argutamente comentada por Michael, o velho anão corcunda continuará escondido, mas guiando a mão do jogador materialista que, no final, deverá ganhar a partida de xadrez, se não arredar de si seu tão reprimido e tão escarmentado colaborador, que se chama teologia. Benjamin, que admirava tanto Péguy, provavelmente não estranharia que um dia se criasse esse objeto estranho denominado Teologia da Libertação.

---

[13] Jung Mo Sung, *Teologia e economia: repensando a Teologia da Libertação e utopias* (Petrópolis, Vozes, 1994).

[14] Idem, *Desejo, mercado e religião* (Petrópolis, Vozes, 1998).

[15] James Cone, *A Black Theology of Liberation* (Nova York, J. B. Lippincott, 1970). Há tradução para o espanhol, com prefácio de Paulo Freire: *Ideología negra de la liberación* (Buenos Aires, Carlos Lohlé, 1973).

O PINTOR E O MIRANTE
Flávio Aguiar

Curiosamente, Michael Löwy termina seu livro *As aventuras de Karl Marx contra o barão de Münchhausen*[1], que trata da questão da objetividade nas ciências sociais e, em particular, no marxismo, falando de um pintor, através da metáfora ou da alegoria do mirante. Essa inspiração é buscada em passagens de Rosa Luxemburgo e de Karl Mannheim. Quanto mais alto for o ponto de vista do observador, mais completa, abrangente, será sua pintura; na história, o ponto mais alto é o do proletariado.

Recuemos um pouco para compreender tal metáfora. Uma das perguntas específicas que anima a visão de Löwy é a se o marxismo é capaz de explicar-se a si próprio, e se ele pode, portanto, reformular-se permanentemente e reencontrar sua coerência. O questionamento nasce da constatação de que, como uma visão de mundo, o marxismo também é capaz de produzir utopia (no sentido de contestação da ordem vigente) e ideologia (no sentido de confirmação da ordem vigente).

Os desdobramentos das teorias e das práxis marxistas, em suas deformações, foram capazes de produzir a falácia stalinista, que se tornou um fenômeno mundial. Nela, uma ordem social burocrática se aproxima, em seu sistema de valores, do clero pré-capitalista, para quem "o poder e os privilégios são fundamentados sobre a participação em uma instituição político-ideológica (o Partido ou a Igreja)", o que impulsiona "o monolitismo ideológico, a perseguição às heresias, as excomunhões e os dogmatismos", porque, para manter a dominação, é neces-

---

[1] São Paulo, Cortez, 1998.

sário ocultar a verdade e instrumentalizar de modo vulgar o conhecimento, a ciência e, acrescento eu, a arte.

Daí, entre outras razões, a pertinência da pergunta sobre a capacidade do marxismo de repensar-se continuamente, sem recorrer à história do barão de Münchhausen como método de procedimento, quando ele, atolado com seu cavalo num pântano, ergue ambos puxando os próprios cabelos. Tal modo de agir seria o característico do legado positivista, com sua fé na própria infalibilidade de seus princípios, de sua objetividade e do ponto de vista de sua observação "imparcial", "neutra", do campo social, aproximando-os da visão da natureza corrente no século XIX.

Em sua trajetória, Löwy chega aos seguintes princípios sobre a formulação do conhecimento:

1. Seguindo um vislumbre de Giambattista Vico através de Marx, a diferença entre a história e a natureza é que os seres humanos criaram a primeira, e não a segunda.
2. O observador é parte da observação.
3. Os estudos sociais (podemos ampliar para a cultura de um modo geral) são palco de objetivos antagônicos, e, portanto, de interpretações antagônicas.
4. Revelar ou ocultar a verdade objetiva é uma arma poderosa na luta de classes (o que acentua o papel da construção e da desconstrução da informação, como mercadoria, na nossa contemporaneidade densamente recoberta pelas mídias).
5. Os intelectuais e cientistas (eu acrescentaria os artistas e escritores) tendem a se vincular a visões sociais de mundo, utópicas e/ou ideológicas, em graus variados, e a misturá-las.

A esse conjunto eu, modesta porém astutamente, adicionaria um sexto princípio, ou elemento, ou condimento:

6. O revestimento estético das construções dessas visões sociais de mundo, do vincular-se a elas, ou de misturá-las, é parte inerente desses processos como um todo, desde suas raízes. Também, ainda que relativamente, determinam escolhas, porque um dos objetivos de tais procedimentos é o de construir metáforas verossimilhantes e convincentes de si mesmos e do mundo, como fez o próprio Löwy com a do pintor e do mirante.

É no contexto desses princípios que vejo, na obra de Löwy, a aproximação entre marxismo e Teologia da Libertação. Ele observa como "inesperada" a radicalização que houve na América Latina de "setores cristãos e sua atração pelo marxismo"[2]. Segundo Löwy, o Concílio Vaticano II a emoldurou, com seu *aggiornamento*, mas tal movimento não se deve apenas a isso. Pode-se considerar que essa aproximação ocorreu na medida em que, muitas vezes, superando limitações dos partidos comunistas tradicionais, os movimentos cristãos participaram e impulsionaram lutas e ações revolucionárias na América Latina, como na Revolução Sandinista, vitoriosa em 1979, e na luta armada brasileira, nos anos 1960 e 1970.

Löwy considera a Teologia da Libertação batizada oficialmente em 1971 com a publicação do livro do padre peruano Gustavo Gutiérrez, *Teología de la liberación: perspectivas*. Outros recuam a data para 1968, com a tese de Rubem Alves, *Toward a Theology of Liberation*, defendida em Princeton. Em todo caso, Löwy diz que seu nascimento foi fruto de um processo de aproximação de intelectuais e cristãos com análises e proposições marxistas durante a década de 1960.

Esse processo foi deflagrado, em parte, pelo impacto, na América Latina e no mundo, da também "inesperada" Revolução Cubana, vitoriosa em 1959 e declarada socialista dois anos depois. Segundo Löwy, os pontos de atração do marxismo, para os cristãos, considerados hoje "pontos de encontro", foram sua análise da sociedade, capaz da elaboração de visões de mundo radicais, como discutimos acima, em que pesem as deformações e desvios; a oposição ética à injustiça capitalista, a identificação com a causa dos oprimidos e a própria proposta socialista.

Inicialmente postos em condição de alianças táticas ou estratégicas (como no caso sandinista), cristãos e marxistas passaram a conviver em movimentos populares e lutas sociais, muitas vezes misturando-se em partidos, tendências e facções. Organizações como o Movimento dos Trabalhadores Rurais Sem Terra (MST), no Brasil, e o Exército Zapatista de Libertação Nacional (EZLN), em Chiapas, no México, não teriam existido na forma e na pujança em que existiram e existem sem aquele encontro e aquela mistura. Certamente, podemos observar sua presença, também, nos levantes andinos mais recentes.

A emergência dessa teologia não privilegiava os pobres como "objetos" de uma assistência. Ao contrário, elegeu-os como "sujeitos de sua própria libertação". Graças a isso, ela ajudou a criar uma nova "metáfora no mundo" e "metáfora do mundo", em que os excluídos e marginalizados, os agentes do "sem", como os sem-terra, sem-teto, sem-universidade, deixaram de ser vistos, de acordo com a ótica marxista tradicional, como a desarticulada, inerte, e inimiga "sombra" dos

---

[2] "Pontos de referência para uma história do marxismo na América Latina" em *O marxismo na América Latina: uma antologia de 1909 aos dias atuais* (São Paulo, Fundação Perseu Abramo, 1999), p. 58. Com algumas modificações, o livro foi reeditado em 2006.

movimentos de trabalhadores organizados. Ajudou essa corrente a multiplicação do tamanho dessa "sombra", como efeito do império da ideologia neoliberal e dos ditames do Consenso de Washington.

No Brasil, vemos essa nova metáfora realizada no símbolo do MST: o mapa do país tem à frente o casal de camponeses empunhando o facão com que trabalha. O machete, se é símbolo do trabalho, na posição erguida é também facho de liberdade e traço de união, como o antigo cajado dos pregadores e conselheiros, entre a terra e o céu, entre os termos da consigna "Terra" e "Liberdade". É curioso, mas eu diria, provocativamente, que o pintor coletivo das visões sociais de mundo pode ter percepções abrangentes também a partir dos pontos de vista "mais baixos" das sociedades.

A Teologia da Libertação trouxe para os movimentos sociais, e para o pensamento radical, uma questão, como seu nome indica, que os partidos comunistas tradicionais e também os inovadores, mais antigos ou emergentes, como estamos vendo hoje na crise das esquerdas brasileiras, têm dificuldade de abordar, ou de entreter: a da liberdade.

A doutrina não partiu de um conceito liberal de liberdade, mas associou-o indelevelmente ao que se tornou um dos alicerces do MST, que são a concepção e a prática de uma mística, isto é, a junção inalienável de crença e práxis numa ética do comportamento que procura unir a esfera ou a dimensão das escolhas individuais àquelas feitas na esfera pública. Essa emergência da Teologia da Libertação, das práticas das Comunidades Eclesiais de Base (CEBs) no Brasil, e seu enraizamento nos movimentos populares, ajudam a entender o porquê de organizações sociais brasileiras e latino-americanas continuarem a demonstrar uma, novamente "inesperada", capacidade de resistência, num momento de triunfo avassalador das idéias neoliberais no mundo inteiro e de seu poderio no campo político e midiático.

Também não se pode desprezar o fato de essa doutrina possuir uma visão social de mundo, na definição delineada por Löwy, que nasceu, com sua metáfora central, na periferia do mundo, no "Sul", e não no "Norte", para acolher essa terminologia que hoje informa outra metáfora poderosa na América Latina, irradiada a partir do movimento bolivariano na Venezuela, de que "o Sul é o nosso Norte".

Mais recentemente, a Teologia da Libertação esteve sob o fogo cerrado do Vaticano, que, ao lado das organizações conservadoras de mídia, volta a impor, de maneira autoritária, a religião como "ecstasy" do povo. Este, fique bem entendido, não é exclusivo da Igreja Católica; ele atravessa todas as ideologias conservadoras correntes. E tem o poder de despertar estados eufóricos de exaltação de um salvacionismo também digno do barão de Münchhausen, só que menos divertido, ou estados depressivos que podem se resolverpor meio de novas perseguições e linchamentos, como o que se tentou fazer com as esquerdas no Brasil. As pregações econômicas neoliberais, num passado recente, eram "eufóricas", prometendo, messianicamente, um "reino dos mercados dos últimos dias" onde tudo era salvação e modernidade.

Vivemos também um movimento de renovação do próprio tema da Teologia da Libertação, conforme os termos do I Fórum Mundial, realizado em Porto Alegre, em janeiro de 2005, e do segundo, realizado no Quênia, em 2007. Neles, foi proposto também um *aggiornamento* da doutrina. Para a maioria dos teólogos e teólogas reunidos nos dois conclaves, a Teologia da Libertação foi delineada pelo clima intelectual da década de 1960, quando questões de gênero, etnia, opção sexual e outras eram emergentes, mas não tinham a visibilidade de hoje. No primeiro encontro, reivindicou-se uma Teologia Feminista, uma Teologia Gay, outra Queer e até mesmo – ainda que só por um dos teólogos presentes e pelos 1.400 que acompanharam pela internet a transmissão ao vivo realizada pela Agência Carta Maior, desde Porto Alegre – uma espécie de antiteologia, cujo objetivo seria o de desconstruir, permanentemente, as teologias existentes, ao invés de construir uma outra.

No final dessas rápidas notas, quero voltar "contra", mas "a favor" – portanto "ao encontro" de Löwy –, de uma de suas observações sobre a relativa autonomia de que os pensadores desfrutam em suas formulações. Segundo ele, à consciência da linguagem de seu campo como um saber acumulado deve se acrescer um último determinante da autonomia relativa, qual seja, a qualidade individual do "pintor". Apesar de ter produzido muito espírito medíocre, a sociologia burguesa gerou um Max Weber. E, para cada Marx, quantos espíritos medíocres o marxismo também não fabricou?

Com esse raciocínio, eu poderia contribuir, dentro de minha esfera literária, citando uma afirmação que minha memória sempre atribui a Sartre: "se Flaubert era um escritor pequeno-burguês, nem todo pequeno-burguês é Flaubert".

Löwy percebeu e acolheu, em seu pensamento, o poder inovador desse encontro entre uma teologia libertada de suas peias opressoras, dos privilégios reclamados pelos habitantes da corporação que habitava, e as sendas abertas pelos novos caminhos trilhados pelo pensamento libertário, revolucionário ou transformador, herdeiro do marxismo na América Latina, ainda que não exclusivamente. Somente os grandes pintores são capazes de tais intuições tão fecundas quanto belas.

AS UTOPIAS ROMÂNTICAS

Zilda Márcia Grícoli Iokoi

No capitalismo de hoje, percebe-se um grande retrocesso ético, moral e de valores nas sociedades humanas, adormecidas no consumo de mercadorias, em que as drogas e as armas se sobrepõem ao sentido da vida. O retorno às condições subumanas de pelo menos dois terços da população mundial aciona os alarmes do iminente perigo de aniquilamento da espécie, por meio da avassaladora estrutura da exploração e expropriação que ameaça os seres vivos e o planeta. A destruição da vida deve-se a uma combinação de elementos que segue a lógica do sistema e cujos objetivos estão ligados à reprodução da acumulação do capital, em oposição às outras dimensões do vivido. Michael Löwy afirma que a esquerda precisa encontrar o ponto de convergência entre as mobilizações camponesas e indígenas e o movimento urbano para se contrapor ao capitalismo que coloca em risco a sobrevida[1]. De um lado, a voracidade do capital se realiza com a exploração de pessoas, gerando a banalização da vida, as intolerâncias, as guerras e o desapego à solidariedade. De outro, a destruição da natureza decorrente do modelo econômico e tecnológico provoca o aquecimento global, a morte de espécies e o desequilíbrio do ecossistema. Os sinais de alerta estão acionados.

O desencantamento do mundo

As ausências de práticas sociais, a crise moral e o racionalismo estéril impõem a busca de elos perdidos no passado, de pertencimentos centrados em historicidades

---

[1] Michael Löwy, "Por um socialismo latino-americano no século 21", entrevista a Igor Felippe Santos, *Jornal Sem Terra*, São Paulo, n. 268, dez. 2006.

antigas e novas. Ritos sagrados contrapõem-se ao mundo profano do dinheiro e de igrejas que se tornam empresas, espaços onde se procuram atrair rebanhos para o sonho do sucesso e nos quais as obras apenas fazem crescer o dízimo (os novos pentecostais), e onde se busca estímulos de auto-ajuda, individualizando os fenômenos da desagregação, como se eles estivessem restritos ao campo moral. Nas lutas sociais, o caráter profético das religiosidades tem permitido a releitura dos mitos e paradigmas de tempos pretéritos. Os protagonistas das lutas, ao abraçar a bandeira do socialismo no século XXI, levam para o debate da esquerda e dos movimentos sociais o sentido da redenção na construção das utopias, afirma Löwy[2]. Para ele, a trajetória do pensamento de esquerda no século XX, que ocorreu entre os anos 1920 e 1930, teve nas obras de José Carlos Mariátegui e Julio Antonio Mella[3] o primeiro impulso para a busca do simbólico.

Löwy considera que, nos últimos dez anos, a esquerda teve um significativo conjunto de vitórias na América Latina, e esse processo indicaria a existência de duas vertentes distintas: uma em que ocorre a ruptura com o neoliberalismo (Venezuela, Bolívia e Cuba), e outra em que isso não aconteceu, mas na qual se busca uma variante mais social, como Argentina, Brasil, Chile e Uruguai. Venezuela e Bolívia respondem aos objetivos de mudanças de acordo com a capacidade dos setores populares de se organizar e lutar por outro processo de desenvolvimento, com respeito às tradições e ao meio ambiente. No caso da Venezuela, ele destaca o personalismo de Chávez como uma excessiva dependência, por parte do povo, de uma figura central e de iniciativas de cima para baixo[4]. Tal realidade fragiliza o processo, uma vez que as bases sociais não ganham autonomia nem em espaços organizativos nem na esfera pública.

É importante, diz Löwy, ter partidos e correntes partidárias radicais de esquerda. Os partidos, como expressão dos movimentos populares, e não manipuladores eleitorais, poderiam ser motores de mudanças, ao lado de organizações sociais e correntes políticas capazes de lhes exprimir radicalidade. Nos últimos vinte anos, o movimento camponês e indígena tem sido o mais ativo, combativo e radical. É o mais importante na América Latina. Isso vale para Brasil, México, Equador, Bolívia (em parte, porque há uma convergência entre urbano e rural). As exceções são a Argen-

---

[2] Idem.

[3] José Carlos Mariátegui (1894-1930), ativista peruano, é um dos maiores expoentes do socialismo latino-americano. É autor de *Sete ensaios de interpretação da realidade peruana*. Julio Antonio Mella (1903-1929) foi um destacado revolucionário cubano. Líder estudantil na Universidade de Havana, foi presidente do Primeiro Congresso Nacional de Estudantes e fundou a Universidade Popular José Martí, bem como o primeiro partido marxista de Cuba.

[4] Idem.

AS UTOPIAS ROMÂNTICAS

tina, onde o motor das lutas é a população urbana pobre; a Venezuela, cuja população pobre da periferia urbana sai às ruas para apoiar Chávez; e Oaxaca, no México[5].

O reencontro do marxismo com os fundamentos da realidade latino-americana fez reacender o pensamento de Mariátegui, intelectual que enunciou as razões históricas do socialismo, retomando as experiências do Império Inca de um socialismo articulado entre a comunidade aldeã (o *ayllu*) e a comunidade maior, o império regido pelo sol, vida e fertilidade, proteção de todos num sistema *sui generis*.

No capitalismo, a produção e a indústria se movem pela mão dos operários que podem parar as máquinas, mas essa força não se mostrou suficiente para superar o sistema. As muitas lutas operárias e os movimentos grevistas acabaram por produzir formas de eliminação do trabalhador por meio do advento das máquinas e, no pólo tecnológico, os processos produtivos sofreram profundas alterações com a substituição do fordismo pelo toyotismo. O capitalismo, relembra Löwy, é um sistema político, social e econômico que só se derruba com uma ação revolucionária:

> Para isso, é preciso ter a maioria da população, que não é formada por operários fabris, mas por camponeses e a massa pobre urbana, engajadas na luta revolucionária. Apesar da sua importância, a idéia da revolução como tarefa da classe operária e industrial nunca correspondeu à realidade, muito menos na América Latina. Precisamos ter uma visão ampla do sujeito do processo revolucionário. O capitalismo sempre pode dar a volta por cima enquanto controlar o aparelho de Estado e a hegemonia. É preciso quebrar a hegemonia ideológica e o controle político do capital.[6]

Löwy defende a importância da formação do bloco operário/indígena e camponês para eliminar a hegemonia neoliberal e imperialista em curso. Socialistas e marxistas precisam empunhar a bandeira do socialismo do século XXI e levá-la para o debate da esquerda e dos movimentos sociais[7].

Das origens

O antigo Império Inca possibilitou a existência de práticas sociais centradas nas relações solidárias entre a comunidade aldeã e a comunidade maior despótica. O sistema de tributos em gêneros ou em artefatos religiosos permitiu a relação entre a vida material e as representações simbólicas, *habitus* considerados socialistas, ou seja, a organização comunista primitiva mais avançada da qual a história guar-

---

[5] Idem.
[6] Idem.
[7] Idem.

dou referências. "Certamente, não queremos que o socialismo na América Latina seja decalque e cópia", escreveu Mariátegui. "Deve ser uma criação heróica. Temos de dar vida, com nossa própria realidade, em nossa própria linguagem, ao socialismo indo-americano. Eis aqui uma missão digna de uma geração nova"[8].

Löwy escreveu sobre Rosa Luxemburgo analisando a definição do regime socioeconômico dos incas como "comunista". Pois, em seu livro *Introdução à economia política*, publicado em 1925, na Alemanha, Rosa afirma que o Império Inca era constituído por duas formações sociais comunistas, e uma estava representada por uma sociedade agrária explorada por outra. Celebrando as "instituições comunistas democráticas da marca peruana", ela se regozijava, diz Löwy, com a "admirável resistência do povo indígena e das instituições comunistas agrárias no Peru que se mantiveram até o século XIX"[9]. Mariátegui, por sua vez, via a continuidade dessas comunidades, cujas sobrevivências se estenderam até o século XX.

César Ugarte, historiador parceiro de Mariátegui, analisou os fundamentos da economia inca, o *ayllu*, conjunto de famílias aparentadas que usufruíam coletivamente de terras, águas, pastagens e bosques. Mariátegui diferenciou o *ayllu*, criado pelas massas anônimas no curso de milênios, e o sistema econômico unitário criado pelos imperadores incas. Insistindo sobre a eficácia econômica da agricultura coletivista inca e sobre o bem-estar material de sua população, definiu: "O comunismo inca pode então ser designado comunismo agrário"[10]. Para ele, a conquista colonial destruiu e desorganizou a economia agrária inca no processo de transformação da comunidade étnica em campesinato. Mas as sobrevivências do mito da igualdade apontavam, nos anos 1920, que o sentido dos diferentes tempos históricos encontrava-se nas utopias revolucionárias.

Segundo Löwy, Mariátegui distinguia o comunismo agrário e despótico précolombiano e o comunismo de nossa época, herdeiro das conquistas materiais e espirituais da modernidade. Em notável rodapé de *Sete ensaios de interpretação da realidade peruana*, esclareceu um aspecto que, setenta anos mais tarde, não perderia sua atualidade:

> O comunismo moderno é algo diferente do comunismo incaico [...]. Um e outro comunismo são o produto de experiências humanas distintas; pertencem a distintos pe-

---

[8] José Carlos Mariátegui, "Aniversario y balance", em *Ideología y política* (Lima, Amauta, 1969), p. 248-9.

[9] Rosa Luxemburgo, *Introduction à l'économie politique* (Paris, Anthropos, 1966), p. 141, 145 e 155.

[10] José Carlos Mariátegui, *Siete ensayos de interpretación de la realidad peruana* (Lima, Amauta, 1976), p. 54, 55, 80. O livro de César Ugarte citado por Mariátegui é *Bosquejo de la historia económica del Peru* (Lima, Imprenta Cabieses, 1926).

ríodos históricos; são elaborados por civilizações dessemelhantes. A dos incas foi uma civilização agrária. A de Marx e Sorel é uma civilização industrial.[11]

Avesso a todo pensamento evolutivo, como um romântico revolucionário, Mariátegui não propunha um retorno ao indigenismo inca. Ao contrário, integrava, em sua utopia socialista, as conquistas do Iluminismo e da Revolução Francesa, destacando a positividade da ciência e especialmente da técnica. O programa do Partido Socialista Peruano, que ele criou em 1928, define que:

> O socialismo encontra na sobrevivência das comunidades [...] o encorajamento à livre expansão do povo indígena, à manifestação criativa de suas forças e de seu espírito, [o que] não significa de modo algum uma tendência romântica e anti-histórica de reconstrução ou ressurreição do socialismo incaico, que correspondia a condições completamente superadas, e do qual restam apenas, como fator utilizável no âmbito de uma técnica de produção perfeitamente científica, os costumes de cooperação e socialismo do campesinato indígena.[12]

Mariátegui apropriou-se, de um modo original e em um contexto latino-americano, do Romantismo revolucionário, especialmente depois de sua estada na Europa, onde assimilou, como afirmou Löwy, o marxismo e certos aspectos do pensamento romântico contemporâneo: Friedrich Nietzsche, Henri Bergson, Miguel de Unamuno, Georges Sorel, o Surrealismo. Formulou, em "Dos concepciones de la vida", um retorno aos mitos heróicos, ao Romantismo e à busca do que poderia ser considerado impossível, conforme Unamuno. Refutou as ilusões do progresso despertadas pela guerra, aceitou as "energias românticas do homem ocidental" expressas na Revolução Russa, que conseguiram conferir à doutrina socialista "uma alma combatente e mística"[13].

A tese mais ousada e herética de Mariátegui, que suscitou as maiores controvérsias, é a que resultou de suas análises históricas sobre o "comunismo inca" e de suas observações antropológicas sobre a sobrevivência das práticas coletivistas, voltadas a uma estratégia política que faria das comunidades indígenas o ponto de partida para uma via socialista própria nos países indo-americanos. É essa estratégia inovadora que Mariátegui apresentou nas teses da Conferência Latino-Americana dos Partidos Comunistas (realizada em Buenos Aires, em junho de 1929), sob o curioso título de "O problema das raças na América Latina".

---

[11] José Carlos Mariátegui, *Siete ensayos de interpretación de la realidad peruana*, cit., p. 78-80.
[12] Idem, "Principios programáticos del partido socialista", em *Ideología y política*, cit., p. 161.
[13] Idem, "Dos Concepciones de la vida", em *El alma matinal* (Lima, Amauta, 1971), p. 13-6.

O sentido das religiosidades positivas e mesmo revolucionárias propugnadas pelo grande intelectual peruano não tinha qualquer relação com o catolicismo nem com o islamismo ou mesmo com o judaísmo modernos, cujos fundamentalismos impunham a passividade do sujeito e a aceitação da condição social como destino estabelecido por Deus. Löwy, no entanto, destaca que:

> [...] com o aparecimento de um cristianismo revolucionário e da Teologia da Libertação na América Latina, abriu-se um novo capítulo histórico com questões novas e empolgantes às quais não podemos dar resposta sem uma renovação da análise marxista da religião. [...] Realmente, rejeitando totalmente a religião, Marx não toma menos em conta o seu duplo caráter: a angústia religiosa é ao mesmo tempo a expressão da verdadeira angústia e o protesto contra esta verdadeira angústia. A religião é o suspiro da criatura oprimida, o coração de um mundo sem coração; tal como ela é o espírito de uma situação sem espiritualidade.[14]

Na teoria das classes, por exemplo, diz que foi possível identificar, no século XVII, que o materialismo de Thomas Hobbes defendeu a monarquia enquanto as seitas protestantes fizeram da religião sua bandeira na luta revolucionária contra os Stuarts. Do mesmo modo, longe de conceber a Igreja como uma entidade social homogênea, Friedrich Engels esboçou a análise mostrando que, em certas conjunturas históricas, ela se divide de acordo com suas componentes de classe. É assim que, na época da Reforma, estava, de um lado, o alto clero – cimeira feudal da hierarquia – e, do outro, o baixo clero, que forneceu os ideólogos da Reforma e do movimento camponês revolucionário.

Cristãos revolucionários: um paradoxo?

Para compreender a Teologia da Libertação na América Latina, ou seja, cristãos pelo socialismo, é necessário, porém, ter em conta as intuições de Ernst Bloch e Lucien Goldmann sobre o potencial utópico das tradições religiosas judaico-cristãs. Já se haviam feito presentes o milenarismo e o messianismo nas lutas sociais em diferentes países latino-americanos. Rebeldias religiosas nomeadas pela historiografia de catolicismo rústico animou conselheiristas, no sertão da Bahia, nos últimos anos do século XIX; a guerra camponesa do Contestado, durante a Primeira Guerra Mundial, foi palco das crenças no Reino encantado, no milagre das virgens, nos monges reencarnados. As lutas entre missioneiros e os proprietários nos pampas sul-americanos, e as guerrilhas rurais na serra andina, aproxima-

---

[14] Michael Löwy, "Marxismo e religião: ópio do povo?", em *A guerra dos deuses: religião e política na América Latina* (Petrópolis, Vozes, 2000).

ram mitos religiosos incas e católicos ao longo do período. Quando, no final dos anos 1950, a Ação Católica passou a receber jovens leigos para a prática pastoral, a aproximação com os camponeses e operários explorados pelas empresas e pelo latifúndio gerou uma nova postura, que serviu de base aos debates entre os clérigos e os leigos. Além disso, a busca por solucionar a crise de vocação fez o papado, que procurava há alguns anos estimular a aproximação entre a Igreja e a população trabalhadora, formular, no Concílio Vaticano II, as metas de pastorais populares.

A reunião de Medellín, na Colômbia, foi o marco da explicitação da Teologia da Libertação formulada pelo teólogo peruano Gustavo Gutiérrez, leitor de Mariátegui: marxismo e cristianismo numa articulação cuja base é a história das lutas dos pobres, entre eles o próprio Cristo. A compreensão do sentido da injustiça, ampliada pela nova maneira de entender a religiosidade, impulsionou a revisão dos textos teológicos e filosóficos. Em *O velho testamento*, a alegria de Javé e o messianismo judaico; em Marx, a filosofia da contestação, da luta de classes, um revolucionarismo radical entendido como tarefa mística e de construção do Reino que começaria no tempo do vivido e não no pós-morte. Nessa perspectiva, o marxismo passou a ser o instrumento analítico para o entendimento da sociedade contemporânea. Löwy afirmou:

> há alguns anos, houve uma evolução nos temas e preocupações dos teólogos da Libertação: uma atenção maior à espiritualidade e à religião popular, uma ampliação do conceito de pobre para incluir não apenas as vítimas do sistema econômico, mas também os atingidos por outras formas de opressão, como índios, negros ou mulheres. Enquanto alguns têm a tendência a relativizar o marxismo – por exemplo, apresentando-o simplesmente como uma das formas da ciência social –, outros, como Hugo Assmann, Franz Hinkelammert, Pablo Richard, desenvolveram uma nova relação com o pensamento de Marx, referindo-se à sua teoria do fetichismo na sua crítica ao capitalismo como falsa religião, idolatria do mercado e culto do deus Mamon.[15]

A Teologia da Libertação deu visibilidade e ajudou a mediar um imenso movimento social composto por comunidades de base e pastorais populares – da terra, operária, indígena, da juventude. Formou redes do clero progressista (especialmente nas ordens religiosas), associações de bairros pobres, movimentos de camponeses sem-terra etc. Cristianismo da libertação, nasceu no curso dos anos 1960, com a primeira esquerda cristã brasileira (1960-1962) e com o sacrifício de Camilo

---

[15] Idem, "Enterrar o marxismo é prematuro", entrevista à Editora Fundação Perseu Abramo, maio 2006.

Torres, o padre guerrilheiro morto em combate em 1966. A doutrina, a partir de 1971, ano da publicação das obras pioneiras de Gutiérrez e Assmann, foi responsável pela formação de boa parte dos militantes e simpatizantes da Frente Sandinista, da Frente Farabundo Martí para la Liberación Nacional (FMLN), de El Salvador, e do Partido dos Trabalhadores brasileiro, escreveu Löwy[16].

Desse processo originaram-se inúmeros movimentos de lutas pelas liberdades e criaram-se expectativas de direitos que têm servido às organizações populares para disputar o fundo público, exigindo terras, saúde, educação, defesa da vida e do meio ambiente. Questionaram-se as práticas autoritárias dos partidos e incorporou-se às ações políticas a mística como possibilidade de articulação simbólica de lutas pretéritas à estimulação do tempo presente. O conceito de afinidade eletiva tomado de Max Weber por Löwy foi por mim utilizado na análise da Teologia da Libertação, uma vez que, por meio da relação entre marxismo e libertação, Leonardo Boff pôde questionar Roma e a estrutura da Igreja/Estado como negação de Cristo, como parte da unidade Deus-Pai, Filho e Espírito Santo[17]. Se a tríade é a totalidade, dizia Boff, então Maria é Deus e cada homem porta a divindade. A Igreja não poderia ser a mediadora entre o homem e Deus. Essa compreensão tornou-se tão ameaçadora que Joseph Ratzinger impôs a ele o silêncio obsequioso.

A ofensiva conservadora

O maior desafio para o Cristianismo da Libertação teve início em 1988, com a ofensiva conservadora do Vaticano na América Latina e a restauração doutrinária, além da centralização autoritária no pontificado de João Paulo II. A arma decisiva de Roma contra os desvios doutrinais e a atividade excessivamente política dos cristãos latino-americanos passou a ser a nomeação de bispos conservadores e o corte de recursos para as pesquisas e os projetos de apoio aos movimentos de luta pela terra, às comunidades eclesiais de base, aos orfanatos e demais entidades de apoio aos pobres. Roma quis controlar a Igreja latino-americana: bispos e cardeais conservadores vieram mudar a correlação de forças no episcopado e, na Conferência dos Bispos Latino-Americanos de São Domingos (outubro de 1992), levar a uma verdadeira virada, que pusesse fim ao parêntese representado pelas conferências de Medellín (1968) e Puebla (1979)[18].

---

[16] Idem, "A Teologia da Libertação acabou?", *Revista Teoria e Debate*, Fundação Perseu Abramo, n. 31, abril/junho, 1996.

[17] Zilda Márcia Gricoli Iokoi, *A Teologia da Libertação e os movimentos sociais no campo. Brasil/Peru. 1964-1985* (São Paulo, Hucitec, 1996).

[18] Michael Löwy, "A Teologia da Libertação acabou?", cit.

AS UTOPIAS ROMÂNTICAS

Löwy questiona em que medida tal meta foi atingida. Para ele, a Cúria romana fez tudo para aferrolhar a Conferência de 1992, excluindo a participação dos teólogos da Libertação e nomeando para a presidência o muito conservador cardeal Angelo Sodano – antigo núncio papal no Chile, onde mantinha excelentes relações com o general Augusto Pinochet. Gutiérrez formulou posição mais favorável. Em sua opinião, foi mantida a opção preferencial pelos pobres e a denúncia, pelos bispos, do modelo econômico neoliberal que amplia o fosso entre ricos e pobres na América Latina. A seus olhos, o documento de São Domingos se situa na continuidade doutrinal e pastoral de Medellín e Puebla, mesmo sem ter o vôo profético do primeiro nem a densidade teológica do segundo.

Pode-se concluir que, mesmo com o refluxo da Teologia da Libertação, os movimentos sociais cresceram e se diversificaram na América Latina. O mais impressionante foi o de Chiapas no México, um levante de inspiração zapatista: uma rebelião armada de vários milhares de índios, sob a direção de uma organização até então desconhecida, o Exército Zapatista de Libertação Nacional (EZLN). Os insurgentes foram descritos pelos meios de comunicação e pelo governo mexicano como inspirados pela Teologia da Libertação (ou manipulados pelos jesuítas), enquanto dom Samuel Ruiz, o bispo de San Cristóbal de las Casas (Chiapas), era acusado de ser o guerrilheiro de Deus[19].

Outro levante indígena ocorreu no Equador, em junho de 1994[20]. O Exército tentou em vão sufocar o movimento, prendendo seus dirigentes, fechando estações de rádio da Igreja que apoiavam os rebelados e enviando tropas para reabrir as estradas. Mas, diante da resistência massiva, o governo foi obrigado a recuar e a introduzir modificações profundas na lei agrária. Seria falso pretender que a

---

[19] "As duas acusações são evidentemente falsas. Qual foi exatamente o papel da Igreja progressista de Chiapas na gênese do movimento zapatista? Dom Samuel Ruiz, autor de *La teología bíblica de la Liberación* (Cidade do México, Jus, 1975), realizou por muitos anos – com a ajuda dos jesuítas, dominicanos e de ordens religiosas femininas – um trabalho pastoral de educação popular. Uma vasta rede de 7.800 catequistas indígenas e 2.600 comunidades de base foi criada, o que contribuiu poderosamente para a conscientização das comunidades indígenas, ajudando-as a tomar conhecimento de seus direitos e a lutar para defendê-los. Essa atividade provocou conflitos crescentes de dom Ruiz com as associações locais de grandes proprietários e criadores, com o governo mexicano e com o núncio papal (que tentou revogar seu posto). Pacifista, dom Ruiz nunca pregou a insurreição. Foram militantes marxistas que criaram o EZLN, que não se refere ao cristianismo, mas antes à cultura maia. Mas é evidente que o trabalho de educação e auto-organização impulsionado pelos agentes da pastoral e pelos catequistas indígenas da diocese criou um ambiente favorável para a expansão do movimento zapatista. Cf. Michael Löwy, "A Teologia da Libertação acabou?", cit.

[20] "Mil e trezentos agentes pastorais criaram uma rede impressionante de comunidades de base, escolas, equipes médicas, centros culturais, favorecendo a formação, em 1982, do Movimento Índio do Chitnorazo (Mich) e, mais tarde, da Confederação Nacional dos Índios

revolta indígena tenha sido dirigida ou promovida pela Igreja progressista, mas é verdade que o Cristianismo da Libertação – representado por dom Leônidas Proaño, seu sucessor e seus agentes pastorais – foi um fator decisivo no desenvolvimento de uma nova consciência e de um desejo de auto-organização quechua.

No Brasil, as comunidades de base realizaram, em 1992, sua maior assembléia até aqui, do ponto de vista da participação de delegados e de bispos favoráveis à doutrina. Penso que o movimento mais significativo foi a luta e a organização do Movimento dos Trabalhadores Rurais Sem Terra (MST), que atua há vinte anos na luta pela reforma agrária e que ainda tem sua ampla base vinculada às comunidades da Teologia da Libertação, apesar do refluxo de muitos bispados ou dioceses.

---

do Equador (Conaie). Dom Proaño e seus partidários rejeitavam o modelo capitalista de desenvolvimento destruidor da cultura e da sociedade indígenas.

Em junho de 1994, o governo equatoriano decretou uma lei agrária de estilo neoliberal, que dava grandes garantias à propriedade privada e excluía toda futura distribuição de terras; a lei tinha também o objetivo de parcelamento e venda das terras comunitárias e até da privatização da água. O movimento indígena – o Mich, a Conaie, cooperativas e sindicatos camponeses – mobilizou-se contra a lei, com o apoio de dom Víctor Corral (o sucessor de dom Proaño) e da *Igreja dos Pobres*. Durante duas semanas, as regiões rurais do Equador estiveram em estado de semi-insurreição: estradas cortadas, aldeias ocupadas, manifestações. Cf. Michael Löwy, "A Teologia da Libertação acabou?", cit.

UTOPIA E UMA VISÃO
DA TEOLOGIA DA LIBERTAÇÃO
Luiz Eduardo Wanderley

Dividirei este artigo em três eixos. Inicialmente, farei alusão a alguns tópicos de Michael Löwy sobre a utopia, tema que me é muito caro. E, num segundo momento, sublinharei algumas de suas elaborações sobre a Teologia da Libertação e a modernidade:

Utopia

Num livro de 2000, Löwy enfatiza a necessidade de resgate da dimensão utópica do marxismo, propondo modelos de uma sociedade alternativa na perspectiva de uma humanidade verdadeiramente livre:

> Precisamos de uma utopia marxista – um conceito herético, mas, como poderia o marxismo desenvolver-se sem heresias? Uma utopia que apresente de modo mais concreto possível um imaginário enclave liberado ainda não existente (*u-topos*, em lugar nenhum), no qual a exploração dos trabalhadores, a opressão das mulheres, a alienação, a reificação, o Estado e o capital sejam todos abolidos. [...] O socialismo não existe na realidade atual; precisa ser reinventado como o resultado final da luta pelo futuro.[1]

Citando Ernst Bloch, concorda com ele ao afirmar que existe, no seio do marxismo, duas correntes: "uma corrente fria, a análise racional, implacável, científica, objetiva, do que é o capitalismo, de como funciona o sistema, quais são suas contradições; e outra que ele chama de corrente quente, a do princípio esperança,

---

[1] Michael Löwy e Daniel Bensaïd, *Marxismo, modernidade, utopia* (trad. Alessandra Cereguetti, Elizabete Burigo e João Machado, São Paulo, Xamã, 2000), p. 127.

da utopia, do reencantamento do mundo"[2]. Ao sustentar uma alternativa comunitária ao individualismo vigente, a qual o movimento operário buscou através da história, salienta: "E, nos dias de hoje, das comunidades de base da Igreja, associações de bairros, núcleos de mulheres, movimentos culturais, que buscam constituir-se em alternativas comunitárias ao individualismo capitalista"[3]. A elaboração do futuro do socialismo requer, sob forma programática e literária, "especulações, reflexões, projetos, sonhos acordados"[4].

Nessa temática, é válida uma referência ao estudo de Jerzy Szachi sobre as utopias, que contém diversas referências a seu sentido no marxismo. Para esse escritor, é preciso analisar a diversidade das utopias – que ele classifica como de lugar e de tempo, negativas e positivas, de ordem eterna e monásticas – e seus vínculos com a política; além disso, faz uma comparação conceitual da mesma com as concepções de ideal, fantasia, experimento e alternativa. No prefácio à edição brasileira, ele indica dois sonhos seculares do homem:

> Os homens sonharam com *asas*, os homens sonharam com *raízes*, às vezes, os mesmos homens tiveram os dois sonhos, embora em situações e períodos diversos de sua vida. Deixando-nos levar pelo primeiro desses sonhos, cremos que nada nos prende ao mundo existente, ou, ainda melhor, que não há laços que não possamos, que não devamos ou que não precisemos romper, já que diante de nós se abre a vasta extensão do ideal. Imaginamos que conseguimos alcançar um céu secular, atingir um absoluto social – justiça, liberdade, igualdade, fraternidade e outras coisas mais. Escolhendo o segundo sonho, voltamo-nos para a terra de que nascemos, nela buscamos a fonte de força, de certeza, de segurança e – se preciso for – de esperança. Mesmo duvidando de que o mundo dado sirva de modelo, é justamente nele que nos esforçamos por encontrar o prenúncio do futuro melhor. Mesmo condenando o *status quo*, queremos acreditar que em algum lugar sob a sua superfície germina a perfeição futura, e que só é preciso um pouco de paciência.[5]

No mesmo livro destacam-se duas afirmações categóricas: "sem utopia não há progresso, movimento, ação"[6]; e "o tempo da história é o tempo da utopia"[7]. Mesmo sustentando que o marxismo se distingue da utopia em termos teóricos e

---

[2] Ibidem, p. 245.

[3] Idem.

[4] Ibidem, p. 247.

[5] Jerzy Szachi, *As utopias, ou a felicidade imaginada* (trad. Rubem César Fernandes, Rio de Janeiro, Paz e Terra, 1972), p. 36

[6] Ibidem, p. 130.

[7] Ibidem, p. 18.

práticos, e que o comunismo preconizado se vincula ao *movimento real* que está abolindo o estado atual (citando *A ideologia alemã*), Szachi diz que não se pode abrir um abismo separando marxismo e utopia:

> De certo ponto de vista, Marx aproximou-se desta última. Marx foi um ideólogo que exigia uma lembrança constante da visão da boa sociedade, exigia uma confrontação dela com o estado de coisas atual, exigia o abandono da tentação reformista. Realmente, o que pode haver de mais perigoso para o revolucionário do que o acordo com qualquer *status quo*?[8]

Teologia da Libertação

Referindo-me ao tema da Teologia da Libertação, vejamos como Löwy levanta questões relevantes sobre seus impactos teóricos e práticos. Se constatarmos os convites feitos por figuras expressivas dos governos dos países socialistas aos teólogos da Libertação e os diálogos que ocorreram entre eles, e as intermediações que esses mesmos teólogos estimularam entre os representantes governamentais e das igrejas no seio de cada país; mesmo com restrições evidentes, eles devem ter produzido alguns efeitos no sentido de uma abertura interna. Comenta-se que novas diretrizes sobre a religião, elaboradas pelas autoridades responsáveis, receberam influxo desse diálogo. No campo prático é onde parece residir a influência maior, pois, a partir da convivência entre marxistas e cristãos, seja na situação revolucionária da América Central, no exílio e nos apoios mútuos estabelecidos dentro de cada nação nos períodos repressivos, ou na atuação concreta dentro das organizações populares aqui e acolá, o respeito foi conquistado e certas posições foram revistas. Apesar da falta de pesquisas mais bem fundadas sobre o assunto, os marxistas em geral – ainda que reconhecendo a evolução das igrejas em pontos particulares, mas permanecendo críticos acirrados em outros – não parecem ter sido impregnados pelas mensagens dessa teologia de modo a sofrerem mudanças de vulto. Alguns, contudo, encontram nela sinais promissores e práticas emancipatórias.

Um texto de Löwy suscita questões interessantes:

a) Comentando o relacionamento entre materialismo e idealismo na filosofia, ele pergunta:

> Não se poderia dizer que o idealismo revolucionário dos teólogos da Libertação é superior ao materialismo "estúpido" dos economistas burgueses e, mesmo, de alguns

---

[8] Ibidem, p. 17.

marxistas stalinistas? Principalmente, porque esse idealismo teológico se revelou perfeitamente compatível com uma aproximação materialista-histórica dos fatos sociais.[9]

b) Indaga ainda se as motivações morais e espirituais de muitas pessoas do clero que se converteram à causa dos oprimidos, bem como a valorização pela Teologia da Libertação da cultura popular, não ajudariam a:

[...] combater, no seio do marxismo, as tendências reducionistas, o economicismo, o materialismo vulgar? [...] e a desconfiar do culto cego do "progresso" econômico, da "modernização" capitalista e do "desenvolvimento das forças produtivas" como meta em si?[10]

c) Também questiona se a cultura antiburocrática que os militantes pela libertação levaram a sindicatos e partidos, e a aspiração a uma democracia de base, não estariam ajudando na auto-organização dos oprimidos e na renovação do movimento operário pela superação do autoritarismo.

d) Leva-nos a refletir sobre a *dimensão moral* do engajamento revolucionário, da luta contra a injustiça social e da construção de uma nova sociedade, da qual os cristãos deram provas na Revolução Sandinista, como um exemplo a seguir.

e) Por fim, propõe um reexame da doutrina marxista tradicional sobre a religião, superando a postura do "ópio do povo". Ou seja, ela não pode "também agir algumas vezes como *alarme do povo*, como um apelo que acorde os oprimidos do seu torpor, da sua passividade, do seu fatalismo e lhes faça tomar consciência dos seus direitos, da sua força, do seu futuro?"[11].

Modernidade

Com base no foco da modernidade, Löwy lança questões e faz comentários pertinentes, a partir das contribuições da Teologia da Libertação.

Partindo de outra postura teórica, mas que tem incidência direta na temática em pauta, muitos críticos da Teologia da Libertação e também da própria configuração assumida pelas comunidades de base atacam-nas pelo seu caráter antimoderno ou pré-moderno, e mesmo retrógrado, tendo em vista a modernidade.

Por tocar nos aspectos centrais, é de valia trazer a contribuição de Löwy elaborada em uma publicação sobre o relacionamento entre a Teologia da Libertação e a modernidade[12], que resumo a seguir. Desde logo, ele afirma que modernidade e

---

[9] Michael Löwy, *Marxismo e Teologia da Libertação* (São Paulo, Autores Associados/Cortez, 1991), p. 106-7.

[10] Ibidem, p. 107.

[11] Ibidem, p. 108.

UTOPIA E UMA VISÃO DA TEOLOGIA DA LIBERTAÇÃO

tradição não são contraditórias, mas se articulam de modo complementar. Sua hipótese questionadora é a de que a originalidade da Teologia da Libertação resulta exatamente de uma síntese que ultrapassa a oposição entre ambos os termos, já que esta teologia e o movimento de que é a expressão (a "Igreja dos Pobres") são, "ao mesmo tempo, a ponta mais avançada da corrente modernista no catolicismo e herdeiros de uma perspectiva crítica perante a modernidade, de inspiração católica 'tradicional' – ou *intransigente*, para utilizar a terminologia de Émile Poulat"[13].

Como se traduz esse modernismo? Inicialmente, pela *defesa das liberdades modernas*. Ela incorpora os valores modernos da Revolução Francesa – liberdade, igualdade e fraternidade –, bem como a democracia e a separação entre a Igreja e o Estado. Em oposição a certas posições dos papas que Löwy indica como retrógradas, ao terem se posicionado contra as revoluções, a Reforma Protestante, a democracia, a liberdade de consciência etc., os teólogos dessa corrente apontam o Concílio Vaticano II como o momento de abertura da Igreja ao mundo moderno. Nos marcos daquele evento, e com as modificações que ele propiciou posteriormente, surgiu a crítica radical de alguns por discordarem da formatação institucional histórica e atual da autoridade eclesiástica dentro da Igreja Católica, o que causou espécie pela virulência das reações e que serviu de motivo para condenações.

Um segundo aspecto que liga a Teologia da Libertação à modernidade "é a sua valorização positiva da análise científica, e sua tentativa de *integração das ciências sociais na teologia*"[14]. Se, no passado, essa utilização chegava a ser herética, ela passa a fazer parte das recomendações do Vaticano II. Ainda que, antes dele, as ciências sociais já fossem usadas em certos círculos, o marxismo e sua variante latino-americana (a teoria da dependência) se tornam o instrumento "socioanalítico" mais privilegiado pela Teologia da Libertação, no sentido de conhecer e julgar a realidade social e, predominantemente, para explicar as causas da pobreza na América Latina. Löwy sublinha que essa concepção moderna é diferente da antiga, de submissão das ciências sociais à teologia, já que a Teologia da Libertação "reconhece a independência da pesquisa científica em relação aos pressupostos ou dogmas da religião e se limita a utilizar seus resultados"[15], evidenciando-se, conforme ele reconhece, que critérios éticos, religiosos e sociais determinam qual ciência social e qual método científico será escolhido pelos teólogos.

---

[12] Michael Löwy, "La Théologie de la Libération et la modernité", em Michael Löwy et al., *L'individu, le citoyen, le croyant* (Bruxelas, Facultés Universitaires Saint-Louis, 1993), p. 75-89.

[13] Idem.

[14] Idem.

[15] Idem.

No que tange ao relacionamento com o marxismo, Löwy destaca, contrariamente ao que os próprios teólogos escrevem, que esse relacionamento vai além do caráter científico-social, de seu uso como instrumento cognitivo, pois a Teologia da Libertação é preponderantemente uma relação política:

> Existe uma *afinidade eletiva* evidente entre certos aspectos da tradição socialista e da tradição cristã (valorização do pobre, universalismo, utopia comunitária, crítica da racionalidade comercial), que vai se tornar, na Teologia da Libertação latino-americana, uma relação de convergência ativa.[16]

A crítica da Teologia da Libertação atinge uma radicalidade maior no que se refere a um aspecto básico da modernidade – *a civilização industrial capitalista*, como ela se desenvolveu até hoje. O ponto nevrálgico tem em vista as conseqüências nefastas que ela trouxe para os pobres da América Latina e do Terceiro Mundo. Tal crítica combina elementos tradicionais – fazendo referência a valores éticos, religiosos e sociais pré-modernos, pré-industriais e pré-capitalistas – e elementos da modernidade mesma. Fazendo uma ponte com a interpretação weberiana da aversão ao capitalismo por parte da Igreja, que se fixaria essencialmente na crença da "impessoalidade das relações contratuais na economia capitalista", Löwy afirma que, se a Teologia da Libertação é herdeira das diretrizes da doutrina social da instituição em sua postura negativa contra o dinheiro e a mercadoria, ela inova muito:

> a) radicalizando-a num sentido mais geral e sistemático; b) articulando a crítica moral com uma análise econômica moderna (de inspiração marxista) da exploração; c) substituindo a caridade pela justiça social; d) recusando idealizar o passado patriarcal; e) propondo como alternativa uma economia socializada.[17]

Citando Pablo Richard, um representante dessa corrente, Löwy diz que o encontro entre fé e razão científica moderna é reflexo do encontro da Igreja e as classes dominantes, representa a sacralização da opressão para as classes oprimidas, e logo, se ele legitima o sistema de dominação, ele se perverte. No caso brasileiro, o autor mostra que a Juventude Universitária Católica (JUC) fizera a crítica do capitalismo nos anos 1960.

"Um outro tema crítico contra a modernidade – que a Teologia da Libertação divide com a intransigência católica mais tradicional – é a recusa da privatização da fé e da separação das esferas – tipicamente liberal e moderna – entre o político

---

[16] Idem.

[17] Idem.

UTOPIA E UMA VISÃO DA TEOLOGIA DA LIBERTAÇÃO

e o religioso", escreve Löwy[18]. Diversos opositores questionam essa teologia por tal "repolitização" do campo religioso. Enfatizando a inovação radical, trazida pelo "Cristianismo da Libertação", em relação à tradição, ele assim a caracteriza:

> a) insistindo na mais total separação entre a Igreja e o Estado; b) recusando a idéia de um partido ou sindicato católicos, e reconhecendo a necessária autonomia dos movimentos políticos e sociais; c) rejeitando toda a idéia de retorno ao "catolicismo político" pré-crítico e sua ilusão de uma "nova cristandade" (nesse ponto Gutiérrez invoca Metz e seus discípulos); d) propondo a participação dos cristãos nos movimentos populares contestatórios leigos.[19]

Não há contradição, para a Teologia da Libertação, entre a exigência da democracia moderna e secular e o engajamento dos cristãos no campo político: "no nível *institucional*, é indispensável fazer prevalecer a separação e a autonomia; mas, no domínio *ético-político*, é o engajamento que se torna o imperativo essencial"[20].

Na seqüência de suas reflexões, é enfatizado que uma das dimensões mais criticadas pelos teólogos é a do *individualismo*. Referindo-se a Gustavo Gutiérrez (teólogo peruano):

> o individualismo é a nota mais importante da ideologia moderna e da sociedade burguesa. Para a mentalidade moderna, o homem é um início absoluto, um centro autônomo de decisões. A iniciativa e o interesse individuais são o ponto de partida e o motor da atividade econômica.[21]

Vários textos, dos que trabalham com as comunidades eclesiais, registram que a modernidade urbano-industrial destruiu os laços comunitários tradicionais, desenraizou populações e as atirou nas periferias das cidades. As Comunidades Eclesiais de Base (CEBs) seriam uma tentativa de fazer reviver o sentido da comunidade, tanto na sociedade quanto na Igreja. Pergunta Löwy: essa posição significa um retorno à comunidade pré-moderna, tradicional? Sim e não.

Sim, na medida em que a sociedade moderna conduz à atomização e ao anonimato das pessoas, e, portanto, é preciso criar "comunidades onde as pessoas se conheçam e se reconheçam", caracterizadas por "relações diretas, pela reciprocidade, pela fraternidade profunda, a ajuda mútua, a comunhão nas idéias evangé-

---

[18] Idem.
[19] Idem.
[20] Idem.
[21] Ibidem. Referência à obra de Gutiérrez, *A força histórica dos pobres* (Petrópolis, Vozes, 1981).

licas e a igualdade entre os membros"[22]. *Não*, porque não se trata de reconstituir as comunidades tradicionais, mas de fundá-las incorporando algumas liberdades modernas – começando pela livre decisão de aderir ou não a elas. Nas palavras de Löwy:

> por esse aspecto moderno, podem-se considerar as CEBs *agrupamentos voluntários utópicos*, no sentido que Jean Séguy dá a esse conceito, quer dizer, agrupamentos nos quais os membros participam de plena vontade e que visam (implícita ou explicitamente) a transformar – de maneira ao menos optativamente radical – os sistemas sociais globais existentes. O que as CEBs procuram salvar da tradição comunitária são as relações pessoais "primárias", as práticas de ajuda e a comunhão ao redor de uma fé partilhada.[23]

Por fim, a Teologia da Libertação se caracteriza "por uma crítica profunda da modernização econômica, do culto do progresso técnico e da ideologia do desenvolvimento"[24]. Se, na década de 1950, havia uma forte tendência da Igreja latino-americana de apoiar o desenvolvimentismo, com correções a serem implementadas a partir da doutrina social, pouco a pouco, nos anos 1960 e 1970, irrompe a crítica do modelo capitalista de desenvolvimento, e a solução dos problemas não estava na modernização tecnológica, mas na mudança social. Porém, "evidentemente, a alternativa à modernização não é a tradição, mas a libertação social – conceito moderno, que se articula com a teoria da dependência dos cientistas sociais latino-americanos".

A crítica básica à modernização das elites brasileiras, nos vários documentos de teólogos, agentes de pastoral, bispos e assessores leigos e dirigentes de comunidades, concentra-se no fato de que o progresso se faz à custa dos pobres. Daí os ataques aos "grandes projetos" e seus resultados perversos para os trabalhadores em geral. Não há uma doutrina explícita sobre a tecnologia, e o julgamento do uso das técnicas modernas é feito considerando suas *conseqüências sociais* para as maiorias. Ainda que se possam aceitar, de forma pragmática, alguns efeitos econômicos positivos (mais empregos, melhorias nas condições de vida etc.), é a opção preferencial pelos pobres o critério de avaliação utilizado. Na mesma linha, podem-se constatar as denúncias dos setores progressistas contra as injustiças e as desigualdades sociais, os desmandos governamentais, a falta de políticas sociais universalizantes e a corrupção institucionalizada, entre outros pontos. E, por ou-

---

[22] Cf. Leonardo Boff, *Église en genèse. Les communautés de bases* (Paris, Desclée, 1979), p. 7-8, 14-5 e 21.

[23] Michael Löwy, "La Théologie de la Libération et la modernité", cit.

[24] Idem.

tro lado, enfatiza-se o apoio ao engajamento deles nas lutas por reformas estruturais profundas (colaborando com o Fórum Social Mundial e fóruns nacionais e continentais, com os movimentos sociais, com o Grito dos Excluídos, com as Semanas Sociais, com a Comissão Pastoral da Terra (CPT), com os defensores da economia solidária etc.).

Para exemplificar, a CPT, apoiando manifestações de movimentos rurais, tem denunciado os megaprojetos de cunho tecnocrático no campo e principalmente as hidrelétricas, tendo em vista a expulsão das famílias, a expropriação dos camponeses e a insuficiente indenização devida aos deslocados (ver, a respeito, as inúmeras denúncias constantes no *Boletim da Terra*, da entidade). Ultimamente, com base em critérios de natureza ecológica, mas também econômica, setores das igrejas (católica e protestantes), juntamente com segmentos da sociedade, vêm questionando os grandes projetos em si mesmos (o caso da transposição do Rio São Francisco é ilustrativo).

Concluindo, com o autor:

> as formulações modernas *postas* pela Teologia da Libertação *pressupõem* as referências tradicionais – e vice-versa. Trata-se de uma forma cultural que escapa às dualidades clássicas entre modernidade e tradição, ética e ciência, religião e mundo profano. Ela constitui uma reapropriação moderna da tradição, uma figura da cultura na qual a modernidade e tradição são ao mesmo tempo negadas e conservadas, num processo de ultrapassagem "dialética". É a partir da opção preferencial pelos pobres que ela julga tanto a doutrina tradicional da Igreja quanto a sociedade ocidental moderna.[25]

---

[25] Idem.

PARTE
4

O MARXISMO NO BRASIL

Carlos Nelson Coutinho

Gostaria de começar falando de meu prazer em estar aqui, neste seminário em que se homenageia meu amigo Michael Löwy, certamente hoje um dos mais conhecidos e respeitados intelectuais marxistas em todo o mundo. Um dia, no apartamento parisiense onde ele mora, na simpática rue de la Glacière, surpreendi-me diante de uma estante onde estavam seus livros, em várias línguas. Acho que poucos autores brasileiros foram traduzidos e publicados, como ele o foi, em pelo menos 25 idiomas.

Essa indiscutível universalidade de nosso homenageado, contudo, pode fazer esquecer – o que seria imperdoável – que ele é brasileiro e que não foi pequena sua contribuição para o desenvolvimento das idéias marxistas em nosso país. Tal contribuição talvez tenha se iniciado quando, no início dos anos 1960, na *Revista Brasiliense*, dirigida por Caio Prado Jr., Michael publicou um artigo sobre as concepções de partido no pensamento marxista, onde resenhava vários autores marxistas até então desconhecidos (ou quase desconhecidos) no Brasil. Lá se falava de Gramsci, de Lukács, de Rosa Luxemburgo. Esse artigo foi muito importante para os jovens brasileiros que, como eu, buscavam no marxismo uma fonte de inspiração teórica e prática.

Logo depois do golpe de 1964, Michael foi para Paris e nunca mais se estabeleceu no Brasil, embora nos visite – depois do fim da ditadura – pelo menos uma vez por ano. Sempre que o faz, brinda-nos com cursos e conferências que contribuem para a difusão do marxismo entre nós. Além disso, praticamente todos os seus livros foram traduzidos e publicados aqui, o que faz com que ele seja um dos interlocutores marxistas mais influentes na batalha das idéias em que estamos envolvidos.

Sua antologia *O marxismo na América Latina*[1] foi recentemente publicada no Brasil com uma introdução que – certamente polêmica, mas, precisamente por isso, fecunda e instigante – traça as principais características da recepção do marxismo em nosso continente. Portanto, ao dedicar esta minha breve intervenção a algumas características das vicissitudes do marxismo no Brasil, penso estar sendo fiel a um dos múltiplos temas que estão presentes, direta ou indiretamente, na obra de Michael.

• • •

Uma das primeiras observações a serem feitas sobre a presença do marxismo em nosso país é o fato de ele nos ter chegado, ao contrário do que ocorreu em outras nações da América Latina, já na forma que assumiu na Terceira Internacional. Marcaram presença no Chile e na Argentina, desde o final do século XIX, importantes partidos socialistas ligados à Segunda Internacional. Uma edição do Livro I de *O capital*, traduzida por Juan Justo, foi publicada em Buenos Aires já em 1899. (Só para comparação: a primeira edição de *O capital* no Brasil é de 1967.) Tanto o Partido Socialista Argentino como o Partido Obrero Chileno já eram forças significativas na vida política de seus países quando eclodiu a Revolução Bolchevique de 1917. Ao contrário, o marxismo só chegou ao Brasil – se deixarmos de lado sua presença esporádica em alguns poucos intelectuais e militantes, como Euclides da Cunha e Silvério Fontes – com a fundação do Partido Comunista, em 1922, ou seja, depois e em conseqüência da Revolução de Outubro.

Não hesitaria em dizer que isso foi causa de uma relativa pobreza do marxismo brasileiro em sua fase inicial. Alguns debates fundamentais da época da Segunda Internacional (aqueles levantados pelas obras de Bernstein, Kautsky e Rosa Luxemburgo) só tardiamente chegaram a nosso país. Um fenômeno como José Carlos Mariátegui – explicável por seu contato íntimo com a cultura européia, sobretudo italiana – não teve lugar entre nós. Nos anos 1920, o principal teórico marxista brasileiro era Octávio Brandão, cujo principal trabalho – o livro *Agrarismo e industrialismo*[2], publicado em 1926 – oscila entre o ridículo e o patético. Do ponto de vista estritamente teórico, não foi menor tal pobreza até uma época bem posterior. Somente a partir dos anos 1960, sobretudo com os escritos de José Arthur Gianotti e Leandro Konder, é que nosso marxismo

---

[1] Michael Löwy (org.), *O marxismo na América Latina: uma antologia de 1909 aos dias atuais* (São Paulo, Fundação Perseu Abramo, 1999). Com algumas modificações, o livro foi reeditado em 2006.

[2] São Paulo, Anita Garibaldi, 2006.

teórico assumiu uma dimensão compatível com a reflexão marxista em nível internacional. Trata-se de um tema, porém, que não abordarei aqui.

Por outro lado, já a partir dos anos 1930 o marxismo brasileiro começou a revelar sua fecundidade como instrumento privilegiado para a construção do que poderíamos chamar de uma "imagem do Brasil". Ora, é precisamente esse um dos principais bancos de prova da fecundidade de uma teoria: sua capacidade de contribuir para tornar evidentes as principais determinações do percurso histórico de uma nação. Sem absolutamente desprezar a dimensão universal de suas obras, podemos dizer que Lenin é Lenin porque suas reflexões foram decisivas para compreender a Rússia de seu tempo; Gramsci é Gramsci porque, sem ele, seria impossível entender o percurso da Itália desde o Risorgimento até o fascismo; e, para falarmos de um sul-americano, Mariátegui é Mariátegui porque seu trabalho teórico permite compreender as características decisivas da formação social peruana.

$$\bullet \bullet \bullet$$

O marxismo brasileiro, malgrado todos os seus limites, passou a contento por essa prova. Não é possível compreender as principais determinações da história brasileira, da descoberta até nossos dias, sem recorrer a autores marxistas, entre os quais se destacam Caio Prado, Nelson Werneck Sodré, Florestan Fernandes, Octavio Ianni, Jacob Gorender, Francisco de Oliveira, Roberto Schwarz e muitos outros.

Gostaria de me concentrar aqui em dois autores, que me parecem ser os que mais contribuíram para uma imagem marxista do Brasil: Caio Prado e Florestan. Há certamente muitas diferenças entre eles, algumas até significativas, mas chamaria a atenção para um dos traços que lhes é comum: o empenho em tentar conceituar a especificidade brasileira. Cabe destacar que em nenhum dos dois existe paradigmas prévios para pensar nosso país. Ambos usam o marxismo como método e não como modelo ou dogma no qual se encaixaria nossa realidade. Por isso, nem Caio Prado nem Florestan submeteram-se às fórmulas da Terceira Internacional, segundo as quais o Brasil – tal como os demais países da América Latina e, de modo mais geral, do até pouco tempo chamado Terceiro Mundo – seria uma sociedade semicolonial e semifeudal, carente assim de uma revolução democrático-burguesa ou de libertação nacional.

É muito interessante que ambos tenham redescoberto, em suas análises do Brasil, uma problemática presente em dois importantes autores marxistas, Lenin e Gramsci. Ambos descobriram por sua própria conta – já que um não conhecia (Caio Prado) e o outro conhecia mal (Florestan) os conceitos de "via prussiana" de Lenin e de "revolução passiva" de Gramsci – a noção de uma via "não clássica" para a modernidade, para o capitalismo. Foi com uma brilhante intuição dessa via que ambos pensaram os processos de transição que levaram o Brasil ao capitalismo, o que lhes permitiu compreender não só as desventuras geradas por esse tipo de transição, mas também o quanto ela foi insuficiente para erradicar da modernidade brasileira os traços mais perversos de nosso passado.

Se relermos hoje um livro como *Evolução política do Brasil*[3], publicado em 1933, escrito por um jovem de 26 anos, ficamos impressionados ao ver como a análise caiopradiana da Independência tem pontos de analogia evidentes com a interpretação que fez Gramsci do processo de unificação estatal da Itália, o chamado Risorgimento, que o revolucionário italiano analisa à luz do conceito de "revolução passiva". Ora, Gramsci estava elaborando esse conceito na prisão fascista, no exato momento em que Caio Prado escrevia *Evolução política do Brasil*. Ambos se deram conta de que havia processos de transição que se dão pelo alto, que resultam do acordo entre frações das classes dominantes e têm como objetivo principal a exclusão de qualquer protagonismo das camadas subalternas.

Nesse tipo de transição, as camadas subalternas manifestam-se por meio de um "subversivismo esporádico e elementar" (a expressão é de Gramsci), ao passo que as classes dominantes reagem a esses embriões de um movimento que vem de baixo precisamente com manobras pelo alto, que implicam um acordo e uma conciliação entre seus segmentos "modernos" e "arcaicos". Essas transições não são meras contra-revoluções, mas são precisamente aquilo que Gramsci chamou de "revoluções-restaurações", ou "revoluções passivas", que, ao mesmo tempo que introduzem novidades, conservam muitos elementos da velha ordem. Sua especificidade é precisamente esta: o novo surge na história marcado por uma profunda conciliação com o velho, com o atraso. O sociólogo norte-americano Barrington Moore Jr. cunhou para isso um termo bastante sugestivo: modernização conservadora.

Caio Prado não dispunha de um amplo estoque de categorias marxistas. Ele cita poucas coisas de Lenin e, muito provavelmente, ainda não havia lido *O capital* quando escreveu suas principais obras historiográficas, *Formação do Brasil contemporâneo* e *História econômica do Brasil*[4]. No entanto, foi capaz – o que prova seu talento – de redescobrir por conta própria essa via específica do Brasil para o capitalismo, que é próxima (evidentemente, não igual) daquilo que Lenin chamou de "via prussiana", e Gramsci, de "revolução passiva".

Lenin elaborou sua noção de via prussiana a partir do modo pelo qual o capitalismo resolveu (ou não resolveu!) a questão agrária, ou, mais precisamente, do diferente modo pelo qual o capitalismo submeteu a suas leis uma estrutura agrá-

---

[3] São Paulo, Brasiliense, 1999.

[4] São Paulo, Brasiliense, 1996; São Paulo, Brasiliense, 2006.

ria necessariamente não capitalista. É também no exame dessa questão que Caio Prado concentra sua análise da transição do Brasil para a modernidade. Como o Brasil a solucionou? Ou melhor, como não a solucionou? Ele nos mostra que foi exatamente essa "não-resolução", ou seja, o fato de a introdução do capitalismo no campo se combinar com a permanência do latifúndio e da coerção extra-econômica sobre o trabalhador rural, que gerou toda a seqüela de desigualdades, o déficit de cidadania, o conjunto de injustiças que nos marca até hoje.

A imagem marxista de nosso país elaborada por Florestan está presente, sobretudo, em sua indiscutível obra-prima, *A revolução burguesa no Brasil*[5]. Nessa obra, ele revela possuir um estoque categorial marxista bem mais rico do que aquele de que dispunha Caio Prado. Põe claramente a questão de uma via "não clássica" para o capitalismo no Brasil. E, enquanto Caio Prado coloca a questão agrária no centro de sua análise, Florestan prefere destacar – em seu exame do caminho "não clássico" do país para a modernidade – o problema da dependência externa, de nossa dependência ao imperialismo. Decerto, também no primeiro existe a relação com o imperialismo; e o segundo não subestima a questão agrária. Mas cada um deles sublinha uma dessas determinações. Por isso, é importante lê-los em conjunto se quisermos construir ou reconstruir uma imagem marxista do Brasil. Ou seja: se desejarmos captar as duas determinações fundamentais de nossa especificidade brasileira, da nossa particular via não clássica para o capitalismo.

◆ ◆ ◆

Deve-se recordar que, ao elaborarem suas análises, ambos se contrapuseram, até com alguma radicalidade, à imagem do Brasil contida nos documentos e na tradição teórica do Partido Comunista Brasileiro (PCB). Tudo bem para Florestan, que jamais militou nessa organização: foi trotskista em sua juventude e terminou a vida na esquerda do Partido dos Trabalhadores (PT). Mas a coisa é mais complicada para Caio Prado: ele era membro do PCB desde 1934-1935 e, ao que me consta, morreu sem ter jamais rompido com o partido. No entanto, quase sempre esteve em polêmica com sua direção, seja na avaliação da aliança com Vargas em 1945, no julgamento dos governos JK e Jango, na definição da linha política ou na conceituação da própria realidade brasileira. Todas essas críticas estão sintetizadas em seu último livro, *A revolução brasileira*[6], publicado em 1966, que contém uma devastadora crítica da imagem do Brasil presente na tradição pecebista. Não me parece ser aqui o momento de tentar entender as razões dessa esquizofrenia. Talvez ela possa ser explicada pela permanente simpatia que Caio Prado manifes-

---

[5] São Paulo, Globo, 2006.
[6] São Paulo, Brasiliense, 2000.

tou pela União Soviética, para ele criadora de um "novo mundo" (é o título de um livro seu publicado em 1934) e de uma nova concepção e prática da liberdade (como ele nos diz em *O mundo do socialismo*, de 1962).

Mas qual era a imagem pecebista do Brasil, à qual se opuseram tanto Caio Prado quanto Florestan? Era uma imagem segundo a qual nosso país – tendo uma formação social semifeudal e semicolonial – ainda carecia de uma "revolução democrático-burguesa", ou de "libertação nacional", como condição para atingir a plena modernidade capitalista. Essa foi a posição do PCB pelo menos a partir dos anos 1930, e que está presente na obra de seus maiores intelectuais, como Nelson Werneck Sodré e Alberto Passos Guimarães. Gostaria de ressaltar que, embora tal visão me pareça hoje essencialmente equivocada (o PCB procurou durante décadas a aliança com uma "burguesia nacional" antiimperialista que não existia!), ela não impediu que o partido desempenhasse uma ação prática essencialmente positiva na história do Brasil contemporâneo. Mas isso não anula o fato de que se tratava de uma matriz teórica que, em última instância, não permitia pensar a especificidade da transição capitalista no país, o que explica também muitos dos equívocos políticos do PCB ao longo de sua existência. E qual era essa especificidade? Precisamente o fato de que o Brasil, desde a Abolição e a Proclamação da República, já era um país capitalista, mas que chegara ao capitalismo por meio de um tipo específico de revolução burguesa, de uma revolução pelo alto, da "via prussiana" (Lenin) ou da "revolução passiva" (Gramsci).

◆ ◆ ◆

Portanto, quando se trata hoje de pensar o Brasil contemporâneo, nós, marxistas, já temos um rico patrimônio de onde partir. Não temos de começar da estaca zero: é preciso desenvolver essa rica linha interpretativa elaborada, sobretudo, por Caio Prado e por Florestan. Mas, dito isso, não devemos esconder que há limites nessa imagem do país presente na obra dos dois autores. Já vimos que esses processos "não clássicos" de transição para o capitalismo combinam modernização e conservação. É uma forma de transição que reproduz o velho, que o repõe sob novas formas, mas que certamente também introduz o novo: não se trata, portanto, de uma simples contra-revolução.

Ora, tanto em Caio Prado quanto em Florestan constata-se uma tendência a sublinhar os momentos em que o velho permanece no novo e, freqüentemente, em conseqüência, a subestimar esse novo. Dou um exemplo: num apêndice escrito para *A revolução brasileira*, em 1977, em pleno governo Geisel, Caio Prado continua insistindo numa tese que está presente em todos os seus artigos da época da *Revista Brasiliense*, dos anos 1950 e início dos 1960, a de que nosso país não conhecera um efetivo processo de industrialização. Ele fala da industrialização ocorrida a partir dos anos 1930 como um "arremedo", um fato sem importância na análise do Brasil contemporâneo. Insiste – é uma frase dele, quase literal – que "continuamos o mesmo, mudaram-se as aparências, mas não mudou a essência". Para ele, o país continuava sendo uma nação colonial, exportadora de matérias-primas e importadora de bens manufaturados.

Também em Florestan há uma tendência a sublinhar mais a permanência do velho do que a novidade. Exemplo disso era sua idéia de que vivemos numa contra-revolução prolongada, que gera permanentemente (sob diferentes modalidades) uma forma estatal que ele chama de "autocracia burguesa". Para o sociólogo, somos condenados permanentemente, enquanto persistir o capitalismo, a esse tipo de dominação burguesa. Ele via como autocracia burguesa não só o período populista, mas também considerava uma forma dissimulada desta o que chamava ironicamente de nova República, entre aspas ou seguida de uma interrogação. Creio – e infelizmente não há tempo de argumentar aqui sobre isso – que ele deixou de ver importantes novidades que esses dois momentos (e não só eles) introduziram em nossa realidade. Ou seja: o Brasil se modernizou "pelo alto", prussianamente, passivamente, gerando com isso formas extremamente perversas de desigualdade social, tremendos déficits de cidadania. Mas o fato é que, malgrado isso, nosso país se modernizou, tornou-se o que Gramsci chamaria de uma "sociedade ocidental". E isso nos obriga a fazer novas reflexões e desafios teóricos. Por exemplo, a darmos conta de formas mais sofisticadas de dominação burguesa, como aquelas que vigoram hoje, quando ela se expressa por meio dos governos de um ex-intelectual de esquerda e de um ex-líder sindical.

Portanto, é necessária uma renovação dessa imagem marxista do Brasil (pela qual somos gratos, sobretudo, a Caio Prado e Florestan, mas também a Nelson Werneck Sodré), que nos permita ir além do pensamento já consolidado – certamente imprescindível, mas não suficiente – sobre nosso modo peculiar de transição ao capitalismo. Torna-se agora urgente uma reflexão que busque elevar a conceito (como Hegel gostava de dizer) a especificidade do Brasil contemporâneo. É evidente que aqui não há como indicar, nem mesmo superficialmente, os muitos temas que tal reflexão exige.

Para concluir, gostaria de insistir que o encontro do marxismo com o Brasil foi extremamente fecundo. O recurso ao materialismo histórico foi e continua sendo imprescindível se quisermos entender adequadamente as novas condições que Caio Prado e Florestan não puderam conhecer. E estou seguro de que o amigo Michael não pensa diferentemente.

O SURGIMENTO DO MARXISMO NA AMÉRICA LATINA

Osvaldo Coggiola

Nesta homenagem a Michael Löwy, discutimos seu texto sobre o marxismo na América Latina, na verdade uma longa introdução a uma coletânea de escritos marxistas latino-americanos, publicada inicialmente em francês (em 1980) e, depois, com leves variantes, em castelhano e português – no último caso, no Brasil, pela Editora Fundação Perseu Abramo[1]. Nesse importante texto, Löwy postula que os dois problemas (ou perigos) fundamentais, e simetricamente opostos, que enfrentou o marxismo latino-americano a partir de seus primórdios foram o "europeísmo" e o "excepcionalismo latino-americano". O primeiro consistiria na transposição mecânica e inadequada, para nosso continente, dos parâmetros e análises elaborados na Europa para países metropolitanos e conhecedores de um amplo e profundo desenvolvimento capitalista. O segundo, no abandono das categorias fundamentais do marxismo em nome da especificidade, e da unicidade, do desenvolvimento histórico latino-americano.

Na América Latina, no mesmo período histórico em que começavam a penetrar as idéias marxistas, os Estados oligárquicos entravam rapidamente em conflito com as aspirações democráticas e sociais das populações, e com o próprio desenvolvimento econômico das burguesias locais, em condições de depressão, declínio ou crise do capitalismo mundial. No início do século XX, a agitação social e política percorria os mais diversos países, resultando na "democratização" (ba-

---

[1] Michael Löwy, "Pontos de referência para uma história do marxismo na América Latina" em *O marxismo na América Latina: uma antologia de 1909 aos dias atuais* (São Paulo, Fundação Perseu Abramo, 1999). Com algumas modificações, o livro foi reeditado em 2006.

seada no sufrágio – mais ou menos – universal) de diversos Estados (Argentina, Chile, Uruguai) e, sobretudo, no início da etapa contemporânea da revolução latino-americana, sendo a Revolução Mexicana (1910-1919) e o tenentismo brasileiro seus episódios mais importantes. A partir de 1918, a Reforma Universitária (iniciada em Córdoba, Argentina) espalhou por toda a América Latina a idéia da unidade continental, e também uma idéia mais vaga de revolução social: em seu bojo, por exemplo, foi fundado, no México, um partido político (Aliança Popular Revolucionária Americana – conhecida por Apra ou Arpa) que pretendia ter alcance latino-americano, embora só tenha conseguido (o que não foi pouco) transformar-se no principal partido peruano do século XX. O movimento operário do continente começou a ter uma projeção nacional dentro desse quadro histórico e político.

Antes disso, como é bem sabido, a influência fundamental sobre o operariado latino-americano fora a exercida pelo anarquismo e pelo anarcossindicalismo. A propriamente marxista desenvolveu-se, sobretudo a partir da década de 1890, depois da fundação da Segunda Internacional (ou Internacional Socialista), em 1889, em Paris. Diversos "partidos socialistas" foram constituídos em nossos países, com destaque para o PS da Argentina e seu principal líder e ideólogo, Juan Bautista Justo, primeiro tradutor de *O capital*, de Karl Marx, para o castelhano, em edição publicada em 1899. A socialdemocracia, no entanto, não conseguiu atingir uma verdadeira influência fora de algumas das principais capitais do Cone Sul, especialmente Buenos Aires, Montevidéu e Santiago do Chile.

Diferentemente da Segunda Internacional, a Terceira Internacional (Comunista) alcançou um sucesso certo na construção de partidos operários no mundo colonial e semicolonial, especialmente os comunistas na Ásia. Além disso, alguns dirigentes socialistas dos países "atrasados" alcançaram, pela primeira vez, um papel preponderante na Internacional Operária. Foi o caso do indiano Manabendra Nath Roy, que discutiu com Lenin (nos Congressos da IC, especialmente o segundo) a questão colonial e conseguiu impor alguns de seus pontos de vista, tornando-se um dos principais redatores das "Teses sobre a questão nacional e colonial". Roy seria encarregado pela IC da organização dos PCs latino-americanos no início da década de 1920. A Internacional Comunista fora a primeira a tentar criar uma organização específica para a luta pela "revolução colonial", no "Congresso dos Povos do Oriente" celebrado em Baku, na ex-União Soviética. Os principais documentos da IC leninista diziam respeito aos processos revolucionários na Europa ocidental e no Oriente, assim como à nascente União Soviética.

Os documentos sobre a América Latina de 1921 ("Sobre a revolução na América, chamado à classe operária das duas Américas") e de 1923 ("Aos operários e

O SURGIMENTO DO MARXISMO NA AMÉRICA LATINA

camponeses da América do Sul") são textos de agitação, com escassas análises históricas ou de conjuntura: isso é paradoxal, pois tratava-se do continente que protagonizou a mais importante revolução da segunda década do século, depois da Revolução de Outubro, a Revolução Mexicana. O famoso jornalista John Reed, autor de *Dez dias que abalaram o mundo* – que havia participado da revolução no México antes de dirigir-se à Rússia revolucionária –, ficou surpreso com a ignorância dos dirigentes bolcheviques sobre a importância dos acontecimentos mexicanos. Seja como for, foi a Terceira Internacional a primeira a colocar a questão da unidade revolucionária da América Latina na luta contra o imperialismo norte-americano, numa resolução pouco posterior a seu IV Congresso Mundial, celebrado em 1924. No quadro da Internacional leninista, surgiram importantes teóricos e dirigentes comunistas latino-americanos, como o cubano Julio Antonio Mella, que havia tido um papel fundamental como dirigente no movimento da Reforma Universitária no seu país.

A brochura "La lucha revolucionaria contra el imperialismo: qué es el Arpa", escrita por Mella, foi altamente importante, por ser o primeiro texto marxista latino-americano que analisou um movimento nacionalista, cuja existência anunciava a ascensão ulterior do nacionalismo em nosso continente, isto é, daquele nacionalismo que disputaria com as correntes socialistas a direção do movimento operário. Mella contrapôs à "frente única de trabalhadores manuais e intelectuais" proposta pelo Apra, a "frente única antiimperialista", nos termos definidos pela Terceira Internacional, afirmando:

> O conceito marxista e leninista de frente única não tem nada que ver com a fanfarrice aprista nessa matéria. Em toda a fraseologia sobre a frente única [do Apra] contra o imperialismo não há nada concreto sobre o papel específico das classes dentro dessa frente única.[2]

Mella desenvolveu a noção de *hegemonia* da classe operária na luta antiimperialista, opondo-se ao "indo-americanismo", que atribuiu à população indígena o papel dirigente da luta nacional.

A "prova" que Mella invocou era fortemente empírica: a tradição socialista já existente entre os setores proletários mais concentrados, e sua reivindicação:

> A experiência provou que o campesinato, o índio na América, é eminentemente individualista, e sua aspiração suprema não é o socialismo, senão a propriedade privada,

---

[2] Julio Antonio Mella, "¿La lucha revolucionaria contra el imperialismo: qué es el Arpa?", em Raquel Tibol, *Julio Antonio Mella en El Machete* (Cidade do México, Fondo de Cultura Popular, 1968). Tradução minha.

erro do qual somente o operário pode libertá-lo, pela aliança que o Partido Comunista estabelece entre estas duas classes. [...] Assim o compreenderam os operários da América quando, muito antes de que se escrevesse o nome do Apra, haviam fundado grandes partidos proletários (socialistas, trabalhistas, comunistas etc.) baseados na aplicação do marxismo na América. Os comunistas ajudaram e têm ajudado até agora – México, Nicarágua etc. – os movimentos nacionais de emancipação, ainda que tenham uma base burguesa-democrática.[3]

Qual era, então, a base dos movimentos nacionalistas com participação burguesa? Mella tentou dar uma resposta que era, ao mesmo tempo, uma análise da sua conduta política:

> Em sua luta contra o imperialismo – o ladrão estrangeiro –, as burguesias – os ladrões nacionais – unem-se ao proletariado, boa carne de canhão. Mas acabam por compreender que é melhor fazer aliança com o imperialismo, que afinal persegue um interesse semelhante. De progressistas, convertem-se em reacionárias. As concessões que faziam ao proletariado para tê-lo atraiçoam-nas quando este, no seu avanço, se converte num perigo para o ladrão tanto estrangeiro como para o nacional. Daí a gritaria contra o comunismo. Por outro lado, os Estados Unidos – é uma característica do moderno imperialismo com caráter financeiro – não desejam tomar os territórios da América Latina, e exterminar toda a propriedade das classes dominantes, senão alugá-las a seu serviço e até melhorá-las como tal, que lhes dêem a exploração do que eles necessitem. Um bom país burguês com um governo estável é o que os Estados Unidos querem em cada nação da América, um regime onde as burguesias nacionais sejam acionistas menores das grandes companhias.[4]

O grau de "nacionalismo" da burguesia latino-americana estava ligado, para Mella, ao grau de independência do proletariado.

Essa opinião não foi a única existente na IC sobre a questão, divergindo, por exemplo, daquela do marxista peruano José Carlos Mariátegui. No "Ponto de vista antiimperialista", este autor expôs o seguinte:

> A colaboração da burguesia, e ainda de muitos elementos feudais, na luta antiimperialista chinesa, explica-se por razões de raça, de civilização nacional, que entre nós não existem. Ao desprezo do branco por sua cultura estratificada e decrépita corresponde (o índio) com o desprezo e orgulho de sua tradição milenar. O antiimperialista da China pode, portanto, descansar no sentimento e no fator nacionalista. Na Indoamérica, as circunstâncias não são as mesmas. A aristocracia e a burguesia *criollas* não se sentem solidárias

---

[3] Idem.

[4] Idem.

com o povo pelo laço de uma história e de uma cultura comuns. No Peru, a aristocracia e o burguês branco desprezam o popular, o nacional. Sentem-se, antes de tudo, brancos. O pequeno-burguês mestiço imita esse exemplo. O fator nacionalista, por essas razões objetivas, não é decisivo nem fundamental na luta antiimperialista em nosso meio. Apenas em países como a Argentina, onde existe uma burguesia numerosa e rica, orgulhosa do grau de riqueza e poder de sua pátria, e onde a personalidade nacional tem contornos mais claros que naqueles países retardatários, o antiimperialismo pode (talvez) penetrar facilmente nos elementos burgueses, porém, por razões de expansão e crescimento capitalista, e não por razões de justiça social e doutrina socialista como em nosso caso.[5]

Para Mariátegui, portanto, a natureza imperialista das burguesias latino-americanas estava menos ligada a razões sociais e políticas (tal como apontadas por Mella) do que a raciais e culturais. Nessa diferença, encontrava-se já desenhada toda a polêmica ulterior da esquerda latino-americana sobre a questão. Notemos que Mariátegui apontava uma excepcionalidade da burguesia argentina, o que também foi considerado por alguns documentos oficiais da Internacional Comunista, como o que segue: "A debilidade da burguesia nacional, a qual (com a exceção da República Argentina) não é mais que um apêndice e um agente dos imperialismos inglês e norte-americano"[6]. Mas trata-se, nesse caso, da Internacional Comunista stalinizada, que seria dissolvida por Stalin em pessoa em 1943, como parte das suas concessões ao imperialismo "democrático", durante a Segunda Guerra Mundial. O ponto de vista de Mariátegui, rejeitado então pela IC, diferentemente daquele de Mella, colocava fatores psicológicos (derivados de questões raciais) antepostos aos interesses de classe, como chave para a análise do comportamento das classes sociais latino-americanas.

Sob Stalin, a IC realizou uma discussão específica sobre América Latina, no seu VI Congresso Mundial (entre julho e setembro de 1928), sem que, no entanto, as "Teses sobre a questão nacional e colonial", produzidas na ocasião, se detivessem no assunto. O ponto de vista de Stalin-Bukharin do chamado "terceiro período" da IC está refletido nas resoluções da I Conferência Comunista Latino-Americana, celebrada em 1929 em Buenos Aires, em que se sustentava que todas as burguesias governantes na América Latina eram agentes do imperialismo (inglês e norte-americano), caracterização ultra-esquerdista que excluía todo movimento nacionalista que disputasse a direção das massas aos comunistas, e que era, na verdade,

---

[5] "El Movimiento Revolucionario Latinoamericano: versión de la I Conferencia Comunista Latinoamericana", *La Correspondencia Sudamericana* (Buenos Aires, Secretariado Sudamericano de la Internacional Comunista, 1929), p. 149. Tradução minha.

[6] José Carlos Mariátegui apud Victor Alba, *Historia del movimiento obrero latinoamericano* (Cidade do México, Libreros Mexicanos Unidos, 1964), p. 190.

a folha de parreira de um retorno das concepções leninistas para as concepções mencheviques da "revolução por etapas": "A verdadeira luta pela independência nacional deve realizar-se contra a grande burguesia nacional e contra o imperialismo, donde se conclui que o caráter da revolução latino-americana *é o de uma revolução democrático-burguesa*"[7].

Nos anos seguintes, a imprensa oficial da Internacional Comunista (*La Correspondance Internationale*) manteve o ponto de vista mencionado:

> O conflito de interesses entre o imperialismo britânico e o imperialismo dos Estados Unidos, que constituem o eixo fundamental das contradições internacionais do sistema capitalista, encontra na América Latina um de seus principais abrigos. [...] A ditadura de Ibáñez no Chile e a recente vitória do partido irigoyenista na Argentina marcam nesses dois países o acesso ao poder da burguesia industrial nacional, e de uma parte da pequena burguesia, agente do imperialismo ianque, contra a influência britânica, representada pela classe dos proprietários de terras. A burguesia industrial de São Paulo, que luta contra o governo dos grandes proprietários de terra do Brasil, é também agente do imperialismo ianque contra o imperialismo britânico. Nos outros países da América Latina, o imperialismo ianque exerce sua tutela política por intermédio da classe dos grandes proprietários de terras, ou mesmo no México e no Equador, com maiores dificuldades, por intermédio da pequena burguesia "revolucionária" que cede a sua pressão crescente.[8]

Nesses textos, burguesia agrária, burguesia industrial e pequena burguesia ficavam reduzidas ao papel de agentes dos diversos imperialismos: o contraste com Mella não poderia ser maior. Desde Marx, sabemos que o caráter de uma revolução não se poderia deduzir apenas das tarefas (democráticas, ou antiimperialistas) que aquela tem pela frente, mas também das classes capazes de levá-las adiante: o bolchevismo constitui-se, historicamente, contra o menchevismo, defendendo esse ponto de vista. O ultra-esquerdismo, nesse e noutros casos, não era mais do que a cobertura envergonhada do oportunismo. Quando, em 1934, a IC abandonou o ultra-esquerdismo em favor das "Frentes Populares Antifascistas", conservou, no entanto, o miolo etapista da concepção menchevique-stalinista. A Frente Popular na América Latina tornou-se, por isso, uma proposta de aliança estratégica com a burguesia, ou seja, de subordinação estratégica do proletariado à burguesia.

Em 1934, a Quarta Internacional, encabeçada por Leon Trotski e fundada como alternativa à Internacional Comunista stalinizada (burocratizada) e passada

---

[7] "El Movimiento Revolucionario Latinoamericano", op. cit., p. 21. Grifos meus.

[8] *La Correspondance Internationale* apud Edgar Carone, *A segunda república* (São Paulo, Difel, 1975), p. 335.

para o campo burguês, deu a seguinte definição estratégica da revolução latino-americana, num de seus primeiros manifestos públicos:

> A América do Sul e a América Central não podem libertar-se de seu atraso e da sua servidão enquanto não reunirem todos os seus Estados numa poderosa federação. Essa grandiosa tarefa histórica está destinada a ser realizada não pela retardatária burguesia sul-americana, agente por completo prostituído ao imperialismo estrangeiro, mas pelo jovem proletariado sul-americano, chefe designado das massas oprimidas. Assim, a palavra de ordem na luta contra a violência e as intrigas do capitalismo mundial, e contra o trabalho sangrento das camarilhas de compradores indígenas é: pelos Estados Unidos Soviéticos da América do Sul e da América Central.[9]

Tais eram as principais tradições teórico-políticas da esquerda revolucionária em nosso continente.

Na década de 1930, a crise econômica mundial abalou a América Latina, abrindo o caminho para a segunda fase da Revolução Mexicana (com a reforma agrária e a nacionalização do petróleo executadas por Lázaro Cárdenas) e, sobretudo, a revolução camponesa de El Salvador (1932), liderada pelo comunista Farabundo Martí e afogada em sangue. Grandes mudanças políticas aconteceram em todo o continente, os governos caíram em quase todos os países, os golpes militares se generalizaram, mas a crise também atingiu os exércitos. A tradição de uma "esquerda militar" surgiu nesse processo, tendo uma expressão marcante no "socialismo militar" boliviano na década de 1930, com o general Bush, mas também expressões assemelhadas em outras nações latino-americanas.

A América Latina passava a constatar que seu destino histórico se entrelaçava com o destino da própria história mundial. Em seu interior, a crise dos Estados oligárquicos seria, também, um processo irreversível. Os teóricos e intelectuais marxistas viram-se na necessidade de afinar as suas análises com o conturbado panorama político e histórico. Na década de 1930, em diversos países, tentativas de interpretação marxista do passado histórico latino-americano foram realizadas, algumas ganhando estatura de modelo para todas as interpretações históricas posteriores, até mesmo (e talvez principalmente) as não-marxistas. Era como se os marxistas, ainda sem desejá-lo, se transformassem em arquétipos da interpretação da nacionalidade.

Leon Trotski já afirmara que, devido ao caráter combinado do seu desenvolvimento econômico e histórico, o proletariado dos países coloniais e semicoloniais via-se obrigado a combinar a luta pelas mais elementares tarefas da revolução

---

[9] Idem

democrática com a luta socialista contra o imperialismo capitalista mundial. Poderíamos estender essa análise ao próprio marxismo, constatando que, na América Latina, ele se viu obrigado a combinar a divulgação dos princípios, do programa e do método marxista com a elaboração de um pensamento *nacional*, que a burguesia do continente, raquítica e chegada tardiamente ao cenário histórico, fora incapaz de elaborar. Daí, provavelmente, o "fervor historiográfico" do marxismo latino-americano.

A situação histórica em que este fazia sua entrada em cena diferia, portanto, e de modo substancial, das condições em que o marxismo desenvolvera-se no seu berço histórico, a Europa. Marx experimentara esses problemas ao analisar as sociedades orientais e elaborar, para realizar uma tentativa compreensiva do seu passado histórico, a categoria de "modo de produção asiático". No caso dos escassos textos do pensador alemão sobre América Latina, José Aricó aventou a hipótese de que eles estavam postos sob inspiração da categoria hegeliana de "povos sem história".

Os marxistas latino-americanos se viram obrigados a trabalhar, também, explícita ou implicitamente, com categorias que correspondessem a sua realidade histórica, e que não se encontravam no arcabouço teórico prévio do marxismo. Era necessário criá-las, tal como fez Jacob Gorender com a categoria de "escravismo colonial", muito utilizada recentemente pelo marxista inglês Robin Blackburn em seu alentado, longo e denso estudo sobre a escravidão em escala mundial.

Essas chaves de interpretação pretendem apenas situar alguns dos problemas que devem ser levados em conta ao fazermos um balanço do marxismo latino-americano, nesta hora dramática para o nosso continente e para o mundo. O texto de Michael Löwy nos fornece uma importante tentativa de interpretação a respeito, que pode ser um ponto de partida para análises mais aprofundadas, se enriquecidas pelo imprescindível trabalho de pesquisa e de crítica que devem presidir toda tarefa intelectual realizada com seriedade.

Na Praça da República, no Centro da cidade de São Paulo, Michael Löwy, Roberto Schwarz e Gabriel Bolaffi (da esquerda para a direita), colegas no curso de Ciências Sociais da USP, brincam de "sala de aula", em 1959. A "professora" de dedo em riste, Maria Rita Eliezer, também estudava com eles.

Durante um encontro da União Estadual dos Estudantes Secundaristas, em 1955.

LA LISTA ROJA

Arthur Koestler
Ignazio Silone
André Malraux
John dos Passos
Upton Sinclair
B. Traven
George Orwell
Karl Marx
"Ilya Ehren..."
Michael Gol...
"Pablo Ner...
Richard Wrig...
Leon Trotsky
John Stein...
"Jorge Amado
"Jean-Paul Sartre"
Jack London
Tito Ba Hiri...

Páginas de um caderno de anotações de Michael Löwy, em 1955.

PSICANÁLISE E MARXISMO (OSBORN)

O psicanalista e o marxista enfocam o mesmo fenômeno de diferentes ângulos. O primeiro acentua a importância dos fatores subjetivos, o segundo, a da situação externa. Sem dúvida, ambos pontos de vista são compatíveis entre si, e unidos se enriquecem mutuamente. Isto se põe de manifesto em suas interpretações da religião

Desamparo ante o mundo externo, Forças sociais incontroladas → Resultante — RELIGIÃO, Projeção de imagem infantil do pai onipotente

Caráter dialético dos processos mentais;
Fusão dos opostos no conteúdo manifesto dos sonhos

95º aniversario da fundação da Primeira Internacional

Antonio I. Martinez

A 25 de setembro de 1864, delegados de organizações operárias inglesas, francesas, italianas e alemãs, reunidos em Londres, decidiram fundar uma Associação Internacional de Trabalhadores, com o fim de coordenar as lutas dos proletários de todos os países. Procurava-se desta forma, como escreveria Marx em 1871 "substituir as seitas socialistas ou semi-socialistas pela organização efetiva da classe operária para a luta".

Karl Marx, que se encontrava entre os delegados alemães... classe operária é a grande finalidade à qual todo mo...

Embora nunca tivesse sido uma organização de massa,

Libertemos Joffre Corrêa Netto

Os camponeses de Santa Fé do Sul vêm há... ses enfrentando a repressão policial e as arbitrarie... des de jagunços a serviço do latifundiário Zico... niz, que pretende expulsá-los à força de suas ter... para transformá-las em pastos; organizados em... no de sua Associação, preparam-se os trabalhado... para resistir, contando para isso com a solidaried... dos operários e estudantes de toda a Alta Araraq... tense (como ficou evidenciado no grande comício... 1º de maio que se realizou há pouco em Santa Fé)

As arbitrariedades, que culminaram com a ag... são sofrida meses atrás pelo líder de classe Jofre... reia Neto, baleado e gravemente ferido por cap... gas do explorador Diniz, não tiveram outro ef... senão intensificar a organização dos camponese... aumentar sua disposição de luta contra o latifun... rio esfomeador.

Diante da combatividade dos camponeses e... Associação dos Lavradores e Trabalhadores Agrí... las de Santa Fé do Sul, a Justiça do Estado deix... cair a máscara da "imparcialidade", mostrando c... ramente o seu caráter de classe, encarcerando Jo... Correia Neto, enquanto seus agressores, os jagun... do coronel de fazenda Diniz, continuam soltos... livres.

Rosa Luxemburgo

Recortes de artigos de Michael Löwy publicados entre 1958 e 1960 em *Ação Socialista*, jornal do grupo Liga Socialista Independente (LSI). Ele assinava os textos com pseudônimos, como Antonio I. Martinez, nome de um operário assassinado nas greves anarquistas de 1917. A LSI se identificava com o pensamento de Rosa Luxemburgo, cuja imagem Löwy usava para ilustrar seus artigos.

Carteira de militante do movimento estudantil, 1955.

Foto de passaporte, 1958.

Foto de passaporte, 1959.

Na formatura, em 1960.

Em 1961, usando barba por influência de Cuba.

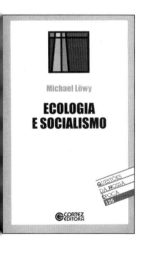

Em 2005, ao lado de imagem de Rosa Luxemburgo, uma de suas principais influências teóricas e militantes. Michael Löwy também se inspira nos trabalhos de, entre outros, Georg Lukács, Karl Marx e Walter Benjamin (abaixo, da esquerda para a direita), sobre os quais já publicou livros.

Cartaz do II Seminário Margem Esquerda, realizado em quatro universidades paulistas entre 27 de setembro e 5 de outubro de 2005, cujos debates reuniram 21 intelectuais.

Durante a mesa de encerramento do II Seminário Margem Esquerda.

Em sentido anti-horário, participaram do seminário sobre a trajetória e a obra de Michael Löwy: Fernando Martínez Heredia (com sua esposa, Ester Pérez); Marcelo Ridenti; Roberto Schwarz e Maria Elisa Cevasco; Emir Sader; e Francisco de Oliveira. Essas duas últimas fotos foram tiradas na festa de comemoração pelos 10 anos da Boitempo.

PARTE
5

PART
7

AOS OLHOS DE UM VELHO AMIGO

Roberto Schwarz

Michael Löwy é muito conhecido como historiador das idéias da esquerda, e praticamente desconhecido como militante do Surrealismo. Para corrigir essa unilateralidade, vou colocar em epígrafe de minha homenagem uma tragédia surrealista em dois atos, que ele escreveu quando tinha dezoito ou dezenove anos. Ato I: Adão surpreende Caim tentando fazer o amor com Eva e dá uma tremenda surra no filho. Ato II, depois da sova: Caim pergunta a Adão: "mas pai, quando Deus ainda não tinha formado minha mãe com sua costela, como é que você fazia?". Adão, com ar culpado, olha as mãos. Fim da tragédia. Atrás do esquete de colegial já estava a aposta no valor artístico da profanação.

Como conheço o grande homem desde criança, achei que seria boa idéia começar lá atrás. Fizemos amizade aos quinze anos, numa colônia de férias judaica, em Campos do Jordão. Nós nos descobrimos logo, já na viagem de ônibus, porque os dois queríamos discutir assuntos que, do ponto de vista do rabino, eram inconvenientes, tais como socialismo, psicanálise, literatura. Eu estava lendo as *Ficções do interlúdio*, de Fernando Pessoa, cheias de decadência, reis que abdicaram, fontes que secaram, rosas murchas, horas pálidas e meninos mortos. Mostrei ao Michael, que não achou grande coisa. Ele, em compensação falou-me com entusiasmo de Vargas Villa e Pitigrilli, dois autores meio pornográficos, cínicos em assuntos de sexo, que na época se compravam em banca de jornal. Para dar uma idéia do gênero, lembro dois títulos que nunca esqueci, *Loira dolicocéfala* e *Virgem de dezoito quilates*, ambos de Pitigrilli. Fiquei de queixo caído diante da segurança com que meu novo amigo torcia o nariz para obras consagradas e preferia outras de reputação nula ou duvidosa, mas que falavam a seu (ou nosso) interesse cru. Ponto para ele.

Aliás, até hoje, essa reação direta, mas nada convencional, às obras de arte me surpreende e faz pensar. Para Michael, quem manda são os apetites da imaginação, que não pedem licença e cuja esfera é a vida corrente, sem cálculo estético, sem especialização de ofício e com pouca história da arte. O que conta, o que fala a seu coração é o que as obras trazem à luta socialista e à libertação do inconsciente. É uma espécie de conteudismo franco, mas, como as demandas do socialismo e do inconsciente não coincidem, o resultado não é óbvio nem previsível. Além do que ele prefere a arte visionária ao realismo, o que mistura mais as cartas. Enfim, esse seu desdém pelas questões de forma muitas vezes me pareceu (e ainda me parece) um erro sem remédio, alheio ao procedimento artístico e à maneira que a arte tem de conhecer. Mas também é certo que tal descaso não deixa de ser uma opção formal, a manifestação de um interesse rebelde e indiscutível, que as considerações de forma edulcoram. Nesse sentido, o antiformalismo representa um gosto peculiar, uma espécie de plebeísmo libertário, uma inconformidade com o lado sublimador da literatura, ou com a literatura tal como ela é. Para encerrar esse capítulo, lembro mais um argumento a favor de Michael: é fato que as aspirações libertárias em matéria de política e sexo são infinitamente mais combatidas, perseguidas e recalcadas do que sabemos e do que podemos imaginar. De modo que, ao tomá-las como a pedra de toque do interesse e o fio vermelho de sua pesquisa, ele acaba entrando pelas portas certas, fazendo uma descoberta atrás da outra, mesmo em áreas ultrapesquisadas, em que parecia não haver mais nada a descobrir. Um exemplo é o bom livro sobre Kafka[1], que acaba de ser traduzido e que, até onde sei, realmente inova. Michael foi atrás das inspirações anarquistas do escritor, levantou suas simpatias pela causa feminina, os paralelos involuntários com a teoria weberiana da burocracia, e conseguiu nos apresentar um Kafka bem mais antiautoritário e mais plantado nos conflitos do mundo do que se costuma admitir.

Mas, vamos voltar aos primeiros anos. Quando começou a cursar a faculdade, em 1957, Michael estava pronto e definido, e já havia encontrado a fórmula que não ia mudar mais: era militante socialista e surrealista, os dois ao mesmo tempo, o que correspondia profundamente a seu modo de ser. Como se sabe, o casamento dessas vertentes, que parecem incompatíveis, é uma das marcas registradas do trotskismo, que também se tornou parte dele. Para completar o quadro, é preciso acrescentar que Michael era muito cumpridor de seus deveres e muitíssimo bem organizado.

---

[1] Michael Löwy, *Franz Kafka: sonhador insubmisso* (Rio de Janeiro, Azougue, 2005).

Graças a isso, ele tinha tempo para tudo. Era excelente aluno, lia e fichava o que os professores pediam, entregava os trabalhos na data prevista, era militante político assíduo, pontual nas passeatas, ia aos concertos, via os filmes, fazia a corte às moças, de meio-dia à uma ouvia a *Hora dos mestres*, um programa de música clássica da Rádio Gazeta, gostava de jogar os jogos surrealistas, que ensinava a amigas e amigos, e, até onde sei, era um filho muito dedicado, o que se poderia chamar um bom menino. Vocês vão ver que não digo isso para desmerecer.

Insisti no cumprimento metódico das obrigações e na boa vontade básica porque, sem serem posições ideológicas, políticas ou estéticas, imprimem ao conjunto da figura uma nota especial. Tanto o socialismo revolucionário quanto o Surrealismo são subversões que atacam a ordem na raiz, e, dependendo das circunstâncias, são casos de polícia, sempre sob a pressão da realidade a que se opõem. Pois bem, ligados à disciplina do estudante sério e à consciência limpa do moço bom, eles gravitam num espaço aprovado, comparativamente desimpedido. É como se o coeficiente de atrito diminuísse, e o atrativo da radicalidade aumentasse. Dizendo de outro jeito, é como se o sistema dos interesses vulgares, quer dizer, a busca do mando, das vantagens materiais e de acomodações do desejo, ou também o medo, não estivessem em vigor. Ou ainda, como se o princípio de realidade estivesse atenuado, causando, aliás, tanto perdas como ganhos. Quero me explicar melhor.

Em linha com o Surrealismo e com Michael, que gostam de jogos, vamos imaginar uma combinatória de três elementos, dois a dois, em que a revolução social, a revolução surrealista e o cumprimento das obrigações se modificassem reciprocamente. A combinação de Surrealismo e de obrigação, com hora marcada e o guarda-chuva que Michael sempre trazia no braço, tinha alguma coisa de filme de Carlitos. Mas há também a modificação inversa, em que a vocação absoluta e o humor negro dos surrealistas tornam revolucionário ou imprevisível o cumprimento da obrigação, que não se sabe aonde pode chegar. A propósito, no ensaio de Walter Benjamin sobre o Surrealismo, há uma restrição interessante ao elogio que Breton faz à inatividade: diz Benjamin que os surrealistas desconheciam o valor místico do trabalho, uma objeção que não se aplica a Michael.

Algo parecido vale para a combinação de militância revolucionária e vida escolar bem planejada, em que a primeira pauta os interesses acadêmicos do estudante, e a capacidade de estudo deste em pouco tempo o torna um agitador de idéias com repercussão internacional. Sem contar que o gosto da conseqüência o levava muito depressa da sala de aula para, por exemplo, as lutas explosivas das Ligas Camponesas. Para completar esse jogo, é claro que o engajamento surrealista era um antídoto às degradações burocráticas e autoritárias da luta socialista, ao passo que o socialismo revolucionário barrava a regressão do Surrealismo a um simples estilo artístico entre outros. No conjunto, como salta aos olhos, são posições que não casam bem com o comunismo mais ou menos stalinista e com o populismo mais ou menos malandro que davam o tom ao grosso da esquerda brasileira da época.

Assim, Michael buscava sempre a extrema esquerda do espectro, quase que por tropismo, mas sem quebra do temperamento cordato e amável. O sujeito das convicções não anulava o rapaz comportado, e este não impedia o outro. Por isso mesmo, ele não gostava de atritos pessoais, e ficava constrangido quando falavam mal do próximo na frente dele; se, no entanto, a diferença fosse política, era capaz de ser absolutamente inflexível, também com amigos: o contrário do cidadão rixento no pessoal e espertalhão em política. Algo paralelo ocorria em relação ao Surrealismo, cujo interesse quase científico pelos aspectos cabeludos do desejo e da imaginação Michael compartilhava e cujos experimentos e anedotas gostava de contar e comentar. Nessas ocasiões, era notável a completa ausência de nota cafajeste ou degradante, o que num país malicioso e católico como o nosso não deixava de ser um milagre. Para me certificar de que não estou inventando, consultei as colegas da época, que confirmaram a impressão, com saudade. Noutras palavras, a dureza do socialista revolucionário não engrossava a voz do amigo e colega, cujo temperamento ameno, por sua vez, não enfraquecia a determinação do militante. Assim, também o viés transgressivo dos jogos e das proposições surrealistas não naufragava na confusão de fraquezas e desejos na praça. O sujeito histórico e o sujeito privado não se confundiam, só atritavam em caso de necessidade, e a prioridade do primeiro era serena. Um arranjo incomum, em que estranhamente o dever, a fantasia e a revolução parecem não se opor uns aos outros, mas sim colaborar.

Enquanto muitos colegas, uma vez concluído o curso, entravam por rumos que não queriam, procuravam empregos que não desejavam, embarcavam em bolsas de estudo para lugares inóspitos e se enterravam em teses de assunto indiferente, Michael foi para a sua querida Paris, estudar com o seu admirado Lucien Goldmann, para pesquisar seu assunto favorito e escrever a tese que queria, sobre a teoria da revolução no jovem Marx. Determinado como era, realizou em tempo relativamente curto um trabalho dos mais interessantes, que, aliás, até hoje se lê muito bem. Com a vantagem da pessoa que se achou cedo, Michael foi estudando em grande escala, organizando o que sabia e publicando os livros correspondentes, tornando-se um importante expositor e intérprete do ideário da esquerda.

As publicações vieram pingando, possivelmente formando blocos. Um primeiro de teoria revolucionária, centrado em Marx, Trotski, Lukács e Guevara, suponho que respondendo à parte final do ciclo de revoluções na periferia do capitalismo. Outro, mais metodológico, procura argüir a superioridade do marxismo sobre as teorias sociais concorrentes, em especial sobre o positivismo. E o terceiro, enfim, liga-se à etapa histórica atual, de baixa mundial do marxismo e também de crise das certezas do progresso. No belo estudo *A evolução política de Lukács*[2], que pertence ao primeiro bloco, Michael havia escrito um capítulo introdutório sobre a *intelligentsia* anticapitalista na Europa central, cujas razões estéticas, religiosas e morais podiam, mas não precisavam, levar ao marxismo e à revolução. Pois bem, na fase de decrepitude da União Soviética e de maré baixa da revolução mundial, esse mesmo universo – em parte judaico – tornou-se uma grande moda internacional, de veia em geral conservadora, servindo como sucedâneo da revolução política. Michael, que já conhecia o assunto, procurou apropriá-lo em sentido contrário e politizado, como chão necessário e um tanto desconhecido do impulso revolucionário. Daí sua incursão em grande escala pelos territórios do romantismo anticapitalista, do utopismo e do messianismo judaicos, em cuja crítica do progresso ele encontra um elemento de verdade contemporânea, importante para uma atualização do marxismo. Com maior diversidade de autores e amplitude histórica acrescida, é o impulso surrealista que se reapresenta para fazer frente aos déficits que a evolução histórica recente apontava na teoria da revolução. Enquanto o primeiro e o segundo blocos, sobre teoria revolucionária e a superioridade metodológica do marxismo, participavam de uma guerra em curso e tinham algo de fla-flu doutrinário, o terceiro, ligado aos impasses históricos dos outros dois, é escrito em espírito mais problematizador, o que lhe dá uma indiscutível superioridade literária. São paradoxos para pensar em casa. Vejam desse ângulo o último livro sobre Walter Benjamin[3]. Seja como for, com esses trabalhos, Michael nos dá o exemplo pouco freqüente e muito estimulante do intelectual que se aproxima dos setenta em franca evolução.

Para concluir com uma pergunta, ou um problema, quero partir do livro muito documentado sobre a política do desenvolvimento combinado e desigual na revolução permanente[4]. Como é sabido, são noções sistematizadas por Trotski, interessado inicialmente em incluir a Rússia retardatária no rol dos países com potencial revolucionário. O interesse dessas idéias para a esquerda dos países ditos atrasados é fulminante, pois elas recusam o marxismo do progresso linear,

---

[2] Idem, *A evolução política de Lukács: 1909-1929* (São Paulo, Cortez, 1998).

[3] Idem, *Walter Benjamin – aviso de incêndio: uma leitura das teses "Sobre o conceito de história"* (São Paulo, Boitempo, 2005).

[4] Idem, *The Politics of Uneven and Combined Development: the Theory of Permanent Revolution* (Londres, New Left Books, 1975).

para o qual a revolução socialista só está na ordem do dia nos países adiantados. Tratava-se de sublinhar o caráter supranacional e desnivelado – ou dialético – do capitalismo, cujas rachaduras abrem à revolução possibilidades imprevistas, que o materialismo etapista, ou economicista, ou confinado à política nacional desconhece. Noutras palavras, as condições para a revolução não deveriam ser aferidas pelo adiantamento ou pelo atraso local, mas pelo contexto internacional, que é a dinâmica decisiva. Assim como o capitalismo aproveita os desníveis entre países para combiná-los e maximizar a exploração, os socialistas devem usá-los para levar adiante a revolução. O atraso material não exclui formas de organização popular adiantadas, e a combinação entre os dois, embora heterodoxa, pode conduzir à ruptura. Noutras palavras ainda, o país retardatário pode ser o elo fraco do sistema e desempenhar um papel de vanguarda na sua superação. Pois bem, até os anos 1970, a série das revoluções em países periféricos pareceu dar certa razão a Trotski, no que respeita à conquista do poder. Na etapa subseqüente, contudo, quando se tratava de construir a sociedade superior e alcançar o bem-estar dos países adiantados, o peso do determinismo econômico reapareceu com toda a força, ao passo que o voluntarismo revolucionário se mostrou insuficiente. Enquanto o desenvolvimento desigual e combinado do capitalismo se renovava e se aprofundava velozmente, a política da revolução permanente chegava a um impasse, menos porque fosse impensável o assalto ao poder por uma vanguarda, e mais porque o caminho ulterior em direção do socialismo parecia bloqueado. Vou parar por aqui.

APOLOGIA DA MILITÂNCIA REVOLUCIONÁRIA
Emir Sader

Tudo começou com aquele "Os filósofos apenas *interpretaram* o mundo de diferentes maneiras; o que importa é transformá-lo"[1]. Nascia uma teoria intrinsecamente comprometida com a transformação revolucionária da realidade, que era atraente tanto pela capacidade explicativa quanto pela capacidade de mudança social. Desde então, marxismo e militância revolucionária estiveram intimamente vinculados. De Karl Marx a Antonio Gramsci, passando por Vladimir Lenin, Rosa Luxemburgo e Leon Trotski, entre outros, a teoria revolucionária foi sendo elaborada como projeto de transformação anticapitalista. Surgiu a figura do militante revolucionário articulada com a do intelectual. Pensar para mudar o mundo e transformá-lo conforme a maneira como é pensado. Um grande número de gerações transmitiu, de uma para a outra, essa atitude diante da teoria e do mundo concreto.

Não há teste melhor para a teoria e condição melhor para a alteração da realidade concreta do que sua compreensão como objeto de transformação. O marxismo tornou-se, rapidamente, a grande teoria mobilizadora, incomparável com qualquer outra. Enquanto autores como Max Weber, Émile Durkheim, os funcionalistas, os da escolha racional e tantos outros seguiam habitando as aulas das universidades e as teses acadêmicas, a obra de Marx rompeu essas fronteiras. Para reiterar uma das idéias-chave desse intelectual revolucionário: "A teoria converte-se em força material quando penetra nas massas"[2]. Tal força moveu o mun-

---

[1] Karl Marx e Friedrich Engels, *A ideologia alemã* (São Paulo, Boitempo, no prelo).
[2] Karl Marx, "Crítica da filosofia do direito de Hegel: Introdução" em *Crítica da filosofia do direito de Hegel* (São Paulo, Boitempo, 2005), p. 151.

do como nunca antes. Forjou partidos, alimentou consciências, mobilizou mentes e corações, construiu projetos revolucionários, Estados socialistas, sindicatos de classe, fertilizou teorias e debates intelectuais. Tornou-se, no século XX, a maior protagonista intelectual e política. Formulou conhecidas interpretações do mundo, mesmo tendo contra si importantes correntes de pensamento. Protagonizou as mais relevantes polêmicas do século.

Que corrente pôde contar com pensadores da dimensão do próprio Marx e de Friedrich Engels, Karl Kautsky, Georgi Plekhanov, Trotski, Nikolai Bukharin, Rosa, Gramsci, Georg Lukács e tantos outros? Com autores contemporâneos do peso de Ernest Mandel, Perry Anderson, Eric Hobsbawm e István Mészáros, todos eles intelectuais revolucionários e militantes?

No entanto, um fenômeno caracterizado por Perry Anderson como "marxismo ocidental"[3] foi se produzindo no interior mesmo da doutrina que pretendia transformar o mundo. Autores, escolas e teorias dissociaram-se da prática política, com todas as conseqüências castradoras que isso implica. Pensadores como Jean-Paul Sartre, Theodor Adorno e Ernst Bloch desenvolveram uma reflexão, que o primeiro deles chamou de "teoria insuperável de nosso tempo", em que se mostravam distanciados da ação política e da filiação partidária. O marxismo brasileiro não ofereceu resistência a essa influência, que produziu, também aqui, a dissociação entre teoria e prática, com as conseqüentes deformações em ambos os pólos.

Além disso, intelectuais engajados política e partidariamente tiveram dificuldades para compatibilizar a independência criativa do marxismo com a rigidez das práticas partidárias – Caio Prado Jr. é a grande exceção. Assim, floresceram mais vertentes do marxismo ocidental do que aquelas da relação dialética entre teoria e prática, que havia caracterizado os fundadores do materialismo histórico e toda uma primeira geração de seus sucessores.

◆ ◆ ◆

No Brasil, ser marxista nos anos 1950 foi um duro exercício de afirmação de interpretações alternativas ao mecanismo dos partidos comunistas e ao dogmatismo do trotskismo posadista – naquela época, única expressão dessa corrente no país. Entre intelectuais comunistas e nacionalistas e o estilo uspiano dos seminários de *O capital*, parecia difícil encontrar modalidades alternativas de ser marxista. Uns comprometidos com a linha de aliança subordinada com a burguesia industrial, com pouca independência crítica para lutar pela hegemonia do proletariado; outros, reclusos na análise teórica e desvinculados da prática política.

---

[3] Perry Anderson, *Considerações sobre o marxismo ocidental* (São Paulo, Boitempo, 2004).

O Brasil teve grandes pensadores marxistas, dos quais Caio Prado foi o primeiro grande exemplo. Construiu sua obra no marco do que Perry atribui ao marxismo ocidental: solidão, praticamente ausência de referência a outros autores, marxistas ou não, e dificuldades de convivência, intelectual e política, com o Partido Comunista. Mas Caio Prado não se furtou às analises econômicas, históricas e políticas e ao enfrentamento das teses programáticas e estratégicas do PCB. Viveu e criou intelectualmente à margem da universidade – que por duas vezes impediu sua inserção com métodos repressivos – e do próprio partido.

Desenvolvendo-se no ambiente típico do marxismo ocidental – stalinização dos PCs, fascismo, a que se seguiu a Guerra Fria –, o marxismo brasileiro foi fortemente marcado pela divisão técnica do trabalho, característica da vida acadêmica. Privilegiou reflexões metodológicas, estéticas, culturais, lógicas, em detrimento das abordagens históricas, econômicas e políticas.

Michael Löwy é uma das poucas exceções. Como intelectual revolucionário e militante político, foi sempre uma referência da vitalidade do marxismo quando associado à prática revolucionária – de que sua obra e trajetória são casos exemplares. Há intelectuais que pensam a política, há os que apóiam a militância, há os que são membros de partidos de esquerda e há os que militam politicamente.

Ele é um caso de intelectual e militante político intrinsecamente articulados, como foram também Ruy Mauro Marini e Florestan Fernandes, entre outros. Ele é capaz de incorporar a criatividade teórica de Marx, Lenin, Rosa, Trotski, Lucien Goldmann, Walter Benjamin – entre outros – ao engajamento político-partidário, elemento indispensável para ser marxista. Como resultado, sua obra teórica soube sempre dar conta dos principais problemas políticos enfrentados pela esquerda, assim como sua prática política pôde sempre ser iluminada pela teoria revolucionária.

Michael foi dirigente da Liga Socialista Independente (LSI), organização que reivindicava Lenin e Rosa e tinha em Hermínio Sacchetta – liderança oriunda do PCB – seu dirigente de maior trajetória histórica. Nela também militavam Renato Caldas, Milton Tacolini, Rubens Glasberg, entre outros. Depois de se formar em Ciências Sociais na Faculdade de Filosofia da Universidade de São Paulo (USP), ele passou a dar aulas na Faculdade de Filosofia de São José do Rio Preto, no interior de São Paulo, de onde vinha para as reuniões de fim de semana da organização. Recordo-me do pequeno espaço situado numa travessa da rua Brigadeiro Luís Antônio, onde cabiam dois bancos sem encosto em cada uma das laterais e uma pequena mesa de onde Sacchetta dirigia nossos encontros e ministrava cursos de formação. Numa de suas posturas típicas, Michael se sentava com uma das pernas em cima do banco. Ouvia atentamente sobre os novos contatos que havíamos feito e, sistematicamente, com o espírito de arregimentação militante que nunca o abandonou, perguntava: "E quais as possibilidades de trazê-lo a nossa organização?". Mantinha o bom humor; desde essa época, tirava os óculos para, coçando o canto dos olhos, rir de forma solta. Outra imagem marcante era sua forma típica de caminhar, precavidamente com um guarda-chuva, como que dando saltos, no estilo de Monsieur Hulot.

Lembro-me de um dia, quando Michael já vivia em Paris e militava na Liga Comunista Revolucionária, da Quarta Internacional, de encontrá-lo por acaso, com seu indefectível guarda-chuva, num sábado à tarde. Eu, indo a um cinema; ele, a uma reunião de célula de sua organização, com sua disciplina de militância política, tenacidade que, como sempre nos ensinou, é condição indispensável da ação revolucionária, ainda mais para correntes – como o luxemburguismo e o trotskismo – que sempre lutaram contra as tendências predominantes dentro da esquerda. Seu otimismo sobrevive a tudo isso, a todas as travessias do deserto a que a esquerda revolucionária foi e continua sendo submetida.

• • •

Permito-me um testemunho pessoal, não para falar de mim, mas do Michael e do que ele tem significado para a esquerda brasileira e para o pensamento crítico nacional. Fui recrutado por ele, junto com meu irmão Eder e com Renato Pompeu, no ano do triunfo da Revolução Cubana. Nossa primeira tarefa foi a venda do jornal *Ação Socialista*, que trazia, na primeira página, a foto de um grupo de gente barbuda, posando como time de futebol, que acabara de derrubar um ditador na ilha localizada no que naquela época ainda era chamado de "América Central" (o Caribe não existia para nós: toda a região abrigava "ditaduras bananeiras", em nosso imaginário).

Começava nosso vínculo com a Revolução Cubana, que teve um papel fundamental para várias gerações e que até hoje continua sendo um dos parâmetros – assim como o Movimento dos Trabalhadores Rurais Sem-Terra (MST) e a Venezuela – que identificam o ser de esquerda. Um processo heterodoxo como o cubano trazia a atualidade da revolução até nós, e nos chegava pelas mãos do Michael, que teve toda sua trajetória ligada ao socialismo, à confiança na revolução, à ética revolucionária, à indissolubilidade entre teoria e prática – o que o Che, objeto de um grande livro do próprio Michael[4], chamava de "provar suas verdades com a própria pele".

Ao mesmo tempo, quando nos recrutou para a LSI ele nos colocou em contato

---

[4] Michael Löwy, *O pensamento de Che Guevara* (São Paulo, Expressão Popular, 2005).

com a tradição do movimento comunista internacional. Nele vimos, pela primeira vez, a figura de um dirigente de partido, um formador, um polemista. Foi também por ele que conhecemos a riqueza do marxismo militante, por meio das obras de Rosa – publicadas pela LSI, além do livro de Bukharin sobre o imperialismo –, Trotski, Kautsky, Isaac Deutscher, Goldmann. Por ele, aprendemos que o internacionalismo é uma dimensão fundamental da militância revolucionária, que "sem teoria revolucionária, não há prática revolucionária"[5]. Em suma, o essencial que um militante precisa saber para ser, ao mesmo tempo, um intelectual revolucionário e o que um intelectual precisa saber para se tornar, também, um militante revolucionário.

Quando retornei de Paris, onde havia trabalhado como assistente de Nicos Poulantzas, na Universidade de Vincennes, Paris VIII, indiquei Michael para me substituir. A partir de então, ele passou a desenvolver também uma grande amizade com esse grego simpático e intelectualmente criativo.

• • •

Atualmente, a militância é desprezada, por um lado, pela "profissionalização" – não no sentido leninista da palavra – da atividade partidária e, por outro, por sua desqualificação como prática necessariamente ligada a doutrinas fundamentalistas, desvinculadas da realidade, sectárias, encerradas sobre si mesmas. Desacreditar a militância política – e, digamos, na realidade, a militância revolucionária – é abandonar o vínculo essencial entre teoria e prática, subjetividade e objetividade, consciência e realidade. É abandonar-se à dinâmica autônoma do mundo – que significa, em verdade, à dinâmica do capital – e renunciar à dialética como instrumento insuperável de compreensão e transformação do mundo e de nós mesmos.

O que nos ensinou e ensina Michael é que a militância revolucionária deve associar a teoria à prática, além de manter a firmeza dos princípios livre do sectarismo e do doutrinarismo da ultra-esquerda. Sua biografia é uma ilustração da possibilidade e da necessidade de manter esse tipo de militância revolucionária – sem o qual a teoria se esteriliza e a realidade se eterniza. Por isso – e pelo conjunto de sua obra, trajetória pessoal e integridade – é que decidimos fazer esta homenagem a ele. Porque precisamos, mais do que nunca, resgatar a figura do intelectual militante, do militante ético, da ética indissoluvelmente política.

Em carta que Marcelo Ridenti conseguiu recuperar de arquivos da polícia e da qual me fez chegar uma cópia, Michael me escreve, de Israel, durante a ditadura militar no Brasil. Comunica contatos políticos que havia feito, sempre resguarda-

---

[5] Vladimir Lenin, *Que fazer?* (São Paulo, Hucitec, 1978, coleção Pensamento Socialista), p. 18.

dos por meio de referências culturais a editoras e a escritores no lugar de organizações e dirigentes políticos. Nesse texto, todo ele escrito em código cifrado, lamenta ter estado em Israel durante o Maio de 1968 de Paris. Confessa o sentimento de estar sempre no lugar errado: longe da América Latina e das barricadas parisienses.

Porém, mediante seu internacionalismo e sua tenacidade, mesmo vivendo em Paris ele consegue a proeza de estar conosco, de fazer com que o sintamos a nosso lado, sempre e em todos os lugares onde a velha toupeira insistir em renascer. Não, Michael, você está sempre no lugar certo: do lado das lutas revolucionárias, em qualquer lugar do mundo onde elas eclodam.

Certa vez, Lenin escreveu sobre Rosa algo como: Quanto mais escura a noite, mais brilham as estrelas. Michael soube e continua sabendo iluminar nossas noites, com a firme convicção de que a aurora tem de ser construída. Por isso, também, inauguramos esta primavera com a homenagem a ele. Que floresçam mil michéis.

ROMÂNTICO E ERRANTE

Marcelo Ridenti

Michael Löwy – nascido em São Paulo, em 1938, hoje radicado na França – é homenageado neste seminário sobre sua obra, composta por dezenas de livros e artigos publicados em diversas línguas. Este evento inverte os papéis: de analista de intelectuais, Löwy torna-se intelectual analisado, o que o coloca numa situação privilegiada entre seus pares, mas que talvez não seja cômoda. Certamente, o seminário será pioneiro de uma nova tendência: sua obra deverá ser cada vez mais investigada, quiçá com os mesmos recursos teóricos e metodológicos que ele tem usado para analisar suas referências intelectuais, como Georg Lukács, Walter Benjamin, Ernst Bloch, Karl Marx, Max Weber, Leon Trotski, Rosa Luxemburgo, Che Guevara, os teólogos cristãos da Libertação na América Latina e mais outros tantos com quem em geral tem profundas afinidades eletivas, caso dos diversos pensadores da intelectualidade judaica da Europa central.

Aqui surge um primeiro tema com o qual o estudioso do trabalho de Löwy deve se deparar: embora portadora de invejável erudição, que remete à reflexão praticamente todo o universo do pensamento ocidental, no essencial sua obra enfoca centralmente pensadores libertários, utópicos e revolucionários com os quais Löwy se identifica, como a buscar suas raízes culturais e históricas. Essas raízes estão em boa parte entre os intelectuais judeus "vencidos da história" na Europa central, como o próprio sociólogo – filho de pais vienenses que migraram para o Brasil –, conforme ele mesmo admite na introdução de *Redenção e utopia*[1].

---

[1] Michael Löwy, *Redenção e utopia: o judaísmo libertário na Europa central* (São Paulo, Companhia das Letras, 1989).

Não vai demorar para aparecer alguma tese de doutorado sobre nosso homenageado. E o autor vai ter de pensar sobre como ele constituiu sua identidade de "judeu um tanto errante", que envolve não só suas raízes européias, mas também sua inserção na sociedade brasileira; afinal, nasceu, cresceu e formou-se em São Paulo – cidade abrigo, por excelência, de imigrantes na primeira metade do século XX –, onde terminou o curso de Ciências Sociais da Universidade de São Paulo. Ele foi aluno de Florestan Fernandes, Fernando Henrique Cardoso, Octavio Ianni, Antonio Candido, Azis Simão e de outros professores da hoje mítica rua Maria Antônia. Teve como colegas Roberto Schwarz, Francisco Weffort, Gabriel Cohn e outros, muitos dos quais também integrantes do lendário seminário de *O capital*, que contava com expressivo conjunto de alunos e professores que fariam história na intelectualidade brasileira, como Paul Singer, Ianni, Cardoso, Fernando Novais, Giannotti, Schwarz e, claro, o próprio Löwy.

Dado interessante a ser pensado pelo pesquisador: os sobrenomes indicam a presença de vários descendentes de imigrantes, inclusive judeus, revelando o processo que se iniciava de relativa abertura do sistema educativo, que dava espaço para a ascensão social por intermédio do estudo na sociedade brasileira a partir dos anos 1950. Paradoxalmente, a ampliação e a abertura do ensino público também alimentavam o pensamento crítico em setores intelectualizados emergentes, não só na universidade, como atesta o exemplo do próprio Löwy, cuja formação acadêmica é indissociável da militância política.

Ele integrou, com Hermínio Sacchetta, Paul Singer, Maurício Tragtenberg e, mais tarde, Emir e Eder Sader, uma pequena organização luxemburguista chamada Liga Socialista Independente. Em 1960, ele e a maioria dos integrantes da Liga ajudaram a fundar a Organização Revolucionária Marxista – Política Operária, conhecida como Polop, onde militou ao lado de outras figuras que marcariam o pensamento de esquerda no Brasil e na América Latina, como Ruy Mauro Marini, Theotonio dos Santos e Erich Sachs, todos eles críticos das teses de revolução nacional-democrática do Partido Comunista, então hegemônico na esquerda brasileira. Outros importantes intelectuais militantes brasileiros tiveram influência sobre Löwy, caso de Caio Prado Jr. e, particularmente, do velho anarquista Edgard Leuenroth[2].

Esse tema remete à reflexão de Löwy em sua tese de doutorado de Estado sobre Lukács, publicada em livro na França em 1976, e no Brasil em 1979[3]. Ao

---

[2] "Michael Löwy", entrevista concedida a Ivana Jinkings e Emir Sader, publicada em *Margem Esquerda – Ensaios Marxistas*, n. 4, São Paulo, Boitempo, out. 2004, p. 9-20.

[3] Michael Löwy, *Para uma sociologia dos intelectuais revolucionários* (São Paulo, Ciências

ROMÂNTICO E ERRANTE

tentar entender o jovem Lukács, Löwy fez considerações mais gerais sobre os intelectuais anticapitalistas, cujo radicalismo procurou tanto no espírito crítico mais geral de setores da pequena burguesia, como especialmente na radicalização dos intelectuais como tais, cuja evolução para visões de mundo socialistas passaria por mediações ético-culturais e político-morais. Löwy buscou, por exemplo, o "traumatismo ético-cultural" que em certa conjuntura revela o abismo entre as tradições humanistas da cultura clássica e a realidade concreta da sociedade burguesa e do mundo capitalista. No caso da geração de Lukács, foi a Primeira Guerra Mundial que levou muitos a abraçar as causas socialistas, principalmente depois de a vitória da Revolução Russa fornecer um pólo catalisador do "anticapitalismo difuso e amorfo dos intelectuais", atraídos para o "lado do proletariado"[4].

O pesquisador que estudar a trajetória do pensamento de Löwy deverá – assim como este procedeu em relação a Lukács – compreender sua inserção histórica, que passa pela análise de sua classe de origem e por mediações ético-culturais e político-morais. Não caberia agora tentar decifrar a complexidade desse processo, mas vale observar que a geração de Löwy – educada na vigência da Constituição de 1946 – talvez não tenha enfrentado um "traumatismo ético-cultural" claro na época de sua formação. Aqueles um pouco mais velhos passaram pelo traumatismo da ditadura getulista e da Segunda Guerra Mundial, aqueles um pouco mais novos vivenciaram o traumatismo do golpe de 1964 e, no cenário internacional, os reflexos da barbárie capitalista expressada claramente na Guerra do Vietnã.

Por sua vez, a geração de Löwy – que chegou à universidade nos anos 1950 – foi criada em clima democrático e de esperança, apesar da Guerra Fria e das desigualdades sociais seculares da sociedade brasileira, com as quais se esperava romper por intermédio do desenvolvimento. É claro que tal geração era herdeira do pós-guerra e do pós-ditadura de Getúlio, e que mais tarde ela sofreria as conseqüências do golpe de 1964 e atravessaria os anos rebeldes da década de 1960. O jovem Löwy, em particular, já era socialista convicto e militante em meados da década de 1950, bem antes da influência enorme, no Brasil e na América Latina, da Revolução Cubana, que ganharia novas levas de intelectuais para a causa do

---

Humanas, 1979). O mesmo livro foi reeditado, com título mais apropriado: *A evolução política de Lukács: 1909-1929* (São Paulo, Cortez, 1998).

[4] Idem, *Para uma sociologia dos intelectuais revolucionários*, cit., p. 9. Löwy dedica o capítulo final à questão da radicalização dos intelectuais no período em que escreveu o livro, com especial atenção aos do Terceiro Mundo, onde, "na falta de um pólo democrático-burguês real, a pequena burguesia e a *intelligentsia* jacobina, democrática e patriótica tendem a se radicalizar, a se tornar anticapitalistas e até, algumas vezes, marxistas [...]" (ibidem, p. 263).

socialismo, convertendo-se no continente em pólo catalisador semelhante ao que fora, em seu tempo, a Revolução Russa na Europa.

Assim, pode-se intuir que, mais do que qualquer traumatismo, foram circunstâncias positivas que levaram parte significativa da geração intelectual formada nos anos 1950 no Brasil a aderir a visões de mundo marxistas. Embora não fosse o caso de Löwy – cujo pai era engenheiro –, tal grupo era formado por jovens que em geral compunham a primeira geração de suas famílias com acesso ao ensino superior e mesmo médio, provavelmente a maior parte deles descendentes de imigrantes, ao menos na cidade de São Paulo. Tudo isso estava por certo relacionado à modernização e à urbanização da sociedade brasileira no período, uma das mais rápidas da história da humanidade, feitas sob o signo da democracia de 1946 a 1964, ancorada no pacto de classes do período dito populista.

Essa geração vibrante apostava no futuro e resgatava aspectos do passado, compondo movimentos políticos e intelectuais dos mais significativos da história do Brasil, até mesmo no âmbito das artes, como o Teatro de Arena, o Teatro Oficina, o Cinema Novo, o Centro Popular de Cultura (CPC), o Concretismo e a Bossa Nova. Enfim, um amplo processo criativo que ficou simbolizado no projeto modernista da construção de Brasília como nova capital federal[5].

Essa empolgação foi cortada abruptamente em 1964 – quando Löwy já estava fora do Brasil e sentiria de longe os efeitos do golpe. Em 1961, depois de graduar-se em ciências sociais, ele foi para a França, onde defenderia uma tese sobre o jovem Marx, orientado por Lucien Goldmann, que muito o influenciou. A partir de então, viveu sobretudo em Israel, onde estava no ano mágico de 1968. De volta à França, chegou a ser professor assistente de Poulantzas, mesmo sem concordar com o marxismo althusseriano, ocupando a vaga deixada por Emir Sader, que voltava para a América Latina. Nota-se, assim, que sua trajetória continuava ligada aos amigos do Brasil, país que sempre visita desde então.

Löwy foi se situando cada vez mais como intelectual europeu, hoje naturalizado francês e já aposentado de um posto prestigioso como pesquisador do CNRS [da sigla em francês do Centro Nacional da Pesquisa Científica]. Filho de imigrantes judeus, tendo aprendido alemão em casa como língua materna, vivendo em um meio repleto de outros imigrantes e seus descendentes, cursando o ensino superior nos padrões de excelência europeus do Curso de Ciências Sociais da USP de então, com a mente e o coração conquistados pelas utopias socialistas internacionalistas, é sintomático que sua obra nunca tenha se debruçado mais

---

[5] Ver Marcelo Ridenti, *Em busca do povo brasileiro: artistas da revolução, do CPC à era da TV* (Rio de Janeiro, Record, 2000).

detidamente sobre a sociedade brasileira, nem sobre qualquer intelectual conterrâneo, o que se explica também por sua recusa em ocupar o lugar subalterno que geralmente se concede na França ao estrangeiro, de quem se espera apenas que estude seu país ou região de origem. Entretanto, Löwy nunca renegou o Brasil, seja em sua obra (ver, por exemplo, a coletânea que organizou sobre o marxismo na América Latina)[6], na militância política, seja no cotidiano acadêmico: ele sempre é ótimo anfitrião de colegas de todas as idades e de estudantes brasileiros em Paris.

Sua inserção nas redes intelectuais européias também deve ser tema de pesquisa: o círculo em torno de Goldmann, o período em que auxiliou Poulantzas na universidade, depois a carreira no CNRS, a relação com as editoras de suas obras, os prêmios recebidos, seus contatos internacionais – em parte devidos à academia e em parte à militância que nunca deixou na Quarta Internacional. Vale também pensar em suas parcerias como autor: Sami Nair, Robert Sayre, Daniel Bensaïd e outros. E, ainda, no paradoxo de sua situação como intelectual: de um lado, sonhador e rebelde anticapitalista; de outro, muito bem situado e prestigiado dentro da ordem acadêmica estabelecida, que tem sabido reservar um lugar institucional até mesmo para os críticos mais ferozes do capitalismo – paradoxo a que estamos submetidos todos nós, intelectuais de esquerda na universidade.

Além da inserção social da obra de Löwy, seu desenvolvimento interno ao longo do tempo também merece ser estudado. O conjunto é de extraordinária coerência, dos primeiros estudos sobre Marx até os últimos sobre Kafka[7], todos na tradição do "marxismo historicista"[8] influenciado por Goldmann, Lukács, Benjamin, Marx e muitos outros, incluindo Weber.

A relação da obra de Löwy com a de Weber daria um longo artigo, se não uma tese. Por exemplo, em seu livro *Redenção e utopia*, Löwy usa e desenvolve com criatividade o conceito de "afinidade eletiva"[9]. Já em *Romantismo e messianismo*[10], bem como na obra com Robert Sayre sobre o Romantismo, ele incorpora o con-

---

[6] Michael Löwy (org.), *O marxismo na América Latina: uma antologia de 1909 aos dias atuais* (São Paulo, Fundação Perseu Abramo, 1999). Com algumas modificações, o livro foi reeditado em 2006.

[7] Idem, *A teoria da revolução no jovem Marx* (Petrópolis, Vozes, 2002) e *Franz Kafka: sonhador insubmisso* (Rio de Janeiro, Azougue, 2005).

[8] O termo é do próprio Löwy, por exemplo, em *As aventuras de Marx contra o Barão de Munchhausen: marxismo e positivismo na sociologia do conhecimento* (6. ed., São Paulo, Cortez, 1998).

[9] Löwy, *Redenção e utopia*, cit., especialmente p. 13-8.

[10] Idem, *Romantismo e messianismo: ensaios sobre Lukács e Walter Benjamin* (São Paulo, Perspectiva/Edusp, 1990).

ceito weberiano de modernidade, entendida como "a civilização moderna engendrada pela Revolução Industrial e a generalização da economia de mercado", caracterizada pelo "espírito de cálculo, o desencantamento do mundo, a racionalidade instrumental e a dominação burocrática [...] inseparáveis do advento do espírito do capitalismo"[11].

Löwy e Sayre formulam a visão de mundo romântica como um conceito (*Begriff*), no sentido marxista, que busca traduzir o movimento da realidade, trazer em si "as contradições do fenômeno e sua diversidade". Não obstante, para melhor compreender essas contradições, eles construíram uma tipologia do Romantismo inspirada metodologicamente em Weber[12].

Os tipos-ideais não buscam em si dar conta do movimento contraditório do real: são uma construção do investigador, parcial e não-dialética, que Löwy e Sayre usam de modo complementar em uma análise que pretende dar conta do movimento de uma totalidade contraditória. Para eles, as duas tentativas – a formulação de conceitos marxistas e tipos-ideais weberianos – seriam mais complementares do que contraditórias, mantido o método dialético[13].

Não é à toa que Löwy escreveu um artigo intitulado "Figuras do marxismo weberiano", em que defende a expressão "marxismo weberiano" como uma provocação intelectualmente produtiva, desde que não seja entendida como mistura eclética dos dois métodos, mas sim como incorporação de certos temas e categorias de Weber a uma abordagem basicamente inspirada em Marx. Seu propósito não seria tratar da influência de Weber sobre pensadores marxistas, mas analisar como eles se apropriam de conceitos weberianos como ferramentas analíticas complementares à dialética marxista, a fim de desenvolver uma crítica do capitalismo mais profunda e freqüentemente mais radical[14]. Implicitamente, Löwy admite sua identidade com o marxismo weberiano presente em autores como Lukács, Bloch, Marcuse, Adorno e Horkheimer, que compartilhariam com Weber certo *Kulturpessimismus*, enraizado em um protesto de inspiração romântica contra a civilização industrial capitalista, uma crítica da modernidade baseada em valores sociais e culturais pré-capitalistas, temerosa da quantificação da vida social, de uma razão abstrata e calculista que reduz os valores qualitativos a números.

---

[11] Michael Löwy e Robert Sayre, *Revolta e melancolia: o Romantismo na contramão da modernidade* (Petrópolis, Vozes, 1995), p. 35, 51-70.

[12] Eis os tipos esboçados de romantismo: 1) restitucionista, 2) conservador, 3) fascista, 4) resignado, 5) reformador, e 6) revolucionário e ou utópico. Löwy e Sayre, op. cit., p. 91-127.

[13] Ibidem, p. 31, 92 ss.

[14] Michael Löwy, "Figures of Weberian Marxism", em *Theory and Society*, n. 25, 1996, p. 431-46.

ROMÂNTICO E ERRANTE

Para além dessa herança assumida, uma pesquisa sobre as obras de Löwy deverá remeter a sua formação na USP, onde foi aluno de outros ilustres sociólogos que amalgamaram a seu modo as influências de Marx e de Weber, como Ianni e Cardoso, que estabeleceram a tradição da posteriormente chamada Escola Paulista de Sociologia, influenciada também pelo pensamento de Durkheim e de sociólogos norte-americanos. Estes são pouco perceptíveis em Löwy, a não ser como adversários, com algumas exceções, caso de Wright Mills – também um exemplo do marxismo weberiano, segundo Löwy[15].

O tema da aproximação de sua obra com a de Weber passa pela tipologia do Romantismo e pela identificação com um dos tipos: o romantismo revolucionário, particularmente o que chama de romantismo marxista, que estaria presente em autores como Walter Benjamin, Herbert Marcuse, Henri Lefebvre, E. P. Thompson, Raymond Williams, Rosa Luxemburgo, Ernst Bloch, pensadores da Escola de Frankfurt, entre outros, além de Marx e Engels.

Löwy faz parte da tradição marxista romântica que visa a:

> instaurar um futuro novo, no qual a humanidade encontraria uma parte das qualidades e valores que tinha perdido com a modernidade: comunidade, gratuidade, doação, harmonia com a natureza, trabalho como arte, encantamento da vida. No entanto, tal situação implica o questionamento radical do sistema econômico baseado no valor de troca, lucro e mecanismo cego do mercado: o capitalismo.[16]

Nesse caso, "a lembrança do passado serve como arma para lutar pelo futuro"[17].

Löwy e Sayre admitem que há uma ambigüidade entre marxismo e Romantismo, pois até os autores marxistas "mais atraídos pelos temas românticos conservam uma distância crítica, inspirada pela herança progressista do Iluminismo", que desaprova qualquer recuperação nostálgica do passado. Talvez, por isso, eles às vezes prefiram falar em autores marxistas com sensibilidade romântica, ao invés de marxistas românticos. Essa corrente se diferenciaria dos demais romantismos revolucionários por preocupar-se basicamente com a luta de classes, o papel revolucionário do proletariado e o uso das forças produtivas modernas numa economia socialista[18].

Parece que, desde o início, a obra de Löwy continha forte influência romântica que, entretanto, não era assumida, talvez pela força da ambigüidade referida entre

---

[15] Ibidem, p. 444.
[16] Michael Löwy e Robert Sayre, op. cit, p. 325 e 44.
[17] Idem.
[18] Ibidem, p. 125-7 e 133-72.

Romantismo e marxismo. Na juventude, ele entendia que o segundo exigia a superação do primeiro, mas já se viu que não pensa mais assim, embora, no essencial, o alicerce de sua obra continue o mesmo. Alicerce sólido, mas longe de consensualidade dentro do marxismo. Para alguns, é inaceitável, por exemplo, sua aproximação com Weber, bem como sua defesa do marxismo romântico e as críticas ao que chama de marxismo positivista.

Enfim, a extensa e polêmica obra de Michael Löwy – traduzida para mais de vinte idiomas – cruzou a fronteira neste seminário: de investigadora a investigada, atestando a força de uma tradição crítica de pensamento e ação anticapitalista, personificada nessa figura de marxista romântico e "um tanto errante" que já vai chegando aos setenta anos.

APÊNDICE

O CAPITALISMO COMO RELIGIÃO:
WALTER BENJAMIN E MAX WEBER[*]

Michael Löwy

Entre os artigos inéditos de Walter Benjamin publicados em 1985 por Ralph Tiedemann e Hermann Schweppenhäuser no volume VI dos *Gesammelte Schriften*[1], um deles é particularmente obscuro e, aparentemente, de contundente atualidade: "O capitalismo como religião". São três ou quatro páginas, contendo notas e referências bibliográficas; denso, paradoxal, às vezes hermético, o texto não se deixa decifrar facilmente. Considerando que não era para ser publicado, o autor não teve, evidentemente, nenhuma necessidade de torná-lo legível e compreensível... Os comentários que seguem são uma tentativa parcial de interpretação, baseada mais em hipóteses do que em certezas, e deixam de lado certas "zonas de penumbra".

Provavelmente, o título do excerto se inspirou no livro de Ernst Bloch, *Thomas Münzer, teólogo da revolução*, publicado em 1921; no capítulo dedicado a Calvino, o autor denunciou na doutrina do reformador genovês uma manipulação que vai "destruir totalmente" o cristianismo e introduzir "elementos de uma nova 'religião', a do capitalismo erigido como religião (*Kapitalismus als religion*) e tornado Igreja de Mamon"[2].

Sabemos que Benjamin leu esse livro, pois em carta a Gershom Scholem, de 27 de novembro de 1921, relata: "Recentemente, ele [Bloch] me deu, quando de

---

[*] Tradução do francês de João Alexandre Peschanski.

[1] Walter Benjamin, *Gesammelte Schriften* (Frankfurt, Suhrkamp, 1985, v. VI), p. 100.

[2] Cf. ed. al.: *Thomas Münzer als Theologue der Revolution* (Frankfurt, Suhrkamp, 1962). Nessa reedição, Bloch substituiu "Igreja de Satã" por "Igreja de Mamon". [Ed. bras.: *Thomas Münzer, teólogo da revolução* (Rio de Janeiro, Tempo Universitário, 1973).]

sua primeira visita aqui, as provas completas de *Münzer* e comecei a lê-las"[3]. Isso sugere que a data de redação desse fragmento não é "meados de 1921 no mais tardar", como indicado pelos editores, mas "fim de 1921". Que seja dito, *en passant*, Benjamin não corroborava a tese de seu amigo sobre a traição calvinista/protestante ao verdadeiro espírito do cristianismo[4].

O texto de Benjamin é, de modo manifesto, inspirado por *A ética protestante e o espírito do capitalismo* de Max Weber; esse autor é mencionado duas vezes, primeiro no miolo do documento e, depois, nas referências bibliográficas, em que é citada a edição de 1920 dos *Gesammelte Aufsätze sur Religionssoziologie*, assim como a obra de Ernst Troeltsch, *Die Soziallehren der christlichen Kirchen und Gruppen*, edição de 1912, que defende, na questão sobre a origem do capitalismo, teses sensivelmente idênticas às do de Weber. Porém, como veremos, o argumento de Benjamin vai além do de Weber e, mais do que isso, substitui sua atitude "axiologicamente neutra" (*Wertfrei*) por um requisitório anticapitalista fulminante.

"Deve-se ver no capitalismo uma religião": é com essa afirmação categórica que ele abre o fragmento. Segue uma referência, mas também um distanciamento em relação a Weber: "Demonstrar a estrutura religiosa do capitalismo – ou seja, demonstrar que não somente é uma formação condicionada pela religião, como pensa Weber, mas um fenômeno essencialmente religioso – nos levaria ainda hoje aos desvios de uma polêmica universal desmedida". No decorrer do texto a mesma idéia volta, mas de forma um pouco atenuada, mais próxima do argumento weberiano: "O cristianismo, na época da Reforma, não favoreceu o advento do capitalismo, mas se transformou em capitalismo". Não está tão longe da conclusão de *A ética protestante...*! O que há de inovador é a idéia da natureza intrinsecamente religiosa do próprio sistema capitalista: trata-se de uma tese bem mais radical que a de Weber, mesmo se apoiando bastante nos elementos da análise deste. Benjamin continua: "Não podemos apertar a rede na qual estamos presos. Depois, entretanto, esse ponto será rapidamente tocado". Argumento curioso... No que essa demonstração o prenderia na rede capitalista? O "ponto" não será "tocado depois" mais imediatamente, sob a forma de uma demonstração, em bom tom, da natureza religiosa do capitalismo: "Pode-se, a partir de agora, reconhecer no tempo presente três traços dessa estrutura religiosa do capitalismo". Benjamin não cita mais Weber, no entanto os três elementos se alimentam das idéias e argumentos do sociólogo, dando-lhes um novo alcance, infinitamente mais críti-

---

[3] Walter Benjamin, *Briefe* (Frankfurt, Suhrkamp, 1966, vol. II), p. 212-3.

[4] Sobre a relação entre Benjamin e Bloch, cf. Werner Hammacher "Schuldgeschichte" em Dirk Baecker, *Kapitalismus als Religion* (Berlim, Kadmos, 2003), p. 91-2.

O CAPITALISMO COMO RELIGIÃO: WALTER BENJAMIN E MAX WEBER

co, mais radical – social e politicamente, mas também na perspectiva filosófica (teológica?) – e perfeitamente antagônico à tese weberiana da secularização.

> Primeiramente, o capitalismo é uma religião puramente cultual, talvez a mais cultual que jamais tenha havido. Nada nele tem significado que não esteja imediatamente relacionado ao culto; não tem nem dogma específico nem teologia. O utilitarismo obtém, nessa perspectiva, sua coloração religiosa.[5]

As práticas utilitárias do capitalismo – investimento do capital, especulações, operações financeiras, manobras na bolsa, compra e venda de mercadorias – equivalem a um culto religioso. O capitalismo não pede a adesão a um credo, a uma doutrina ou a uma "teologia"; o que importa são as ações, que manifestam práticas cultuais em sua dinâmica social. Benjamin, um pouco em contradição com seu argumento sobre a Reforma e o cristianismo, compara a religião capitalista com o paganismo originário, este também "imediatamente prático" e sem preocupações "transcendentais".

O que permite, então, assimilar as práticas econômicas capitalistas a um culto? Benjamin não explica, mas utiliza, algumas linhas depois, o termo "adorador"; pode-se então considerar que o culto capitalista comporta certas divindades, que são objeto de adoração. Por exemplo: "Comparações entre as imagens de santos de diferentes religiões e as notas de banco dos diferentes Estados". O dinheiro, em sua forma de papel-moeda, seria assim objeto de um culto análogo ao dos santos das religiões "comuns". É interessante notar que, em um trecho de *Rua de mão única*, Benjamin compara as notas de banco com "fachadas do inferno" (*Fassadenarchitektur der Hölle*) que traduzem "o santo espírito de seriedade" do capitalismo[6]. Lembremos que na porta – ou fachada – do inferno de Dante se encontra o aviso: "voi ch'entrate, lasciate cui ogni speranza"; segundo Marx, são as palavras inscritas pelo capitalista à entrada da fábrica, endereçadas aos operários. Veremos a seguir que, para Benjamin, o *desespero* é o estado religioso do mundo no capitalismo.

O papel-moeda, entretanto, é apenas uma das manifestações de uma divindade muito mais fundamental no sistema cultual capitalista: *o dinheiro*, o deus Mamon, ou, de acordo com Benjamin, "Plutão... deus da riqueza". Na bibliografia do excerto é mencionado um trecho virulento contra o poder religioso do dinhei-

---

[5] Walter Benjamin, "Le capitalisme comme religion", em *Fragments philosophiques, politiques, critiques, littéraires*, organizados por R. Tiedemann e H. Schwepenhäuser, traduzidos do alemão por Christophe Jouanlanne e Jean-François Poirier (Paris, PUF, 2000), p. 111-3. Todas as referências ao texto dizem respeito a essas três páginas, desse modo me abstenho de citar, a cada vez, a página em questão.

[6] Idem, "Einbahnstrasse" em *Gesammelte Schriften* (Frankfurt, Suhrkamp, 2001, vol. IV), p. 139.

ro: está no livro *Aufruf zum Sozialismus*, do pensador anarquista judeu/alemão Gustav Landauer, publicado em 1919, pouco antes do assassinato de seu autor por militares contra-revolucionários. Na página indicada na referência bibliográfica de Benjamin, Landauer escreve:

> Fritz Mauthner [*Wörterbuch der Philosophie*] mostrou que a palavra "Deus" [*Gott*] é, em sua origem, idêntica a "Ídolo" [*Götze*], e que as duas querem dizer "o derretido" [ou "o fundido"] [*Gegossene*]. Deus é um artefato criado pelos homens, a quem se dá vida, traz para si as vidas dos humanos e, finalmente, se torna mais poderoso do que a humanidade.
>
> O único fundido [*Gegossene*], o único ídolo [*Götze*], o único Deus [*Gott*], ao qual os seres humanos deram a vida foi o dinheiro [*Geld*]. O dinheiro é artificial e vivo, o dinheiro produz dinheiro e mais dinheiro, o dinheiro tem todo o poder do mundo.
>
> Quem não vê, quem não vê ainda hoje que o dinheiro, que Deus, não é mais do que um espírito criado pelos seres humanos, um espírito que se tornou uma coisa [*Ding*] viva, um monstro [*Unding*], e que é o sentido [*Sinn*] de nossa vida que ficou louco [*Unsinn*]? O dinheiro não cria riqueza, é a riqueza; é a riqueza em si; não há outra riqueza que o dinheiro.[7]

De fato, não temos como saber até que ponto Benjamin estava de acordo com esse raciocínio de Landauer; mas pode-se considerar, hipoteticamente, esse trecho, citado na bibliografia, como um exemplo do que ele entende por "práticas cultuais" do capitalismo. Numa perspectiva marxista, o dinheiro apenas seria uma das manifestações – e não a mais importante – do capital, mas Benjamin estava muito mais próximo, em 1921, do socialismo romântico e libertário de Landauer – ou de Georges Sorel – do que de Karl Marx e Friedrich Engels. É só mais tarde, em *Passagenwerk*, que ele se inspira em Marx para criticar o culto fetichista da mercadoria e analisar as passagens parisienses como "templos do capital mercadológico". Pode ser que haja certa continuidade entre o texto de 1921 e as notas do grande livro inacabado dos anos 1930.

Portanto, o dinheiro – ouro ou papel –, a riqueza e a mercadoria seriam algumas das divindades, ou ídolos, da religião capitalista; e sua manipulação "prática" na vida capitalista corrente constituiria, manifestações cultuais, fora das quais "nada mais faz sentido".

O segundo traço do capitalismo

> está estreitamente ligado a essa concreção do culto: a duração do culto é permanente. O capitalismo é a celebração de um culto *sem dó nem piedade*. Não há "dias normais",

---

[7] Gustav Landauer, *Aufruf zum Sozialismus* (Berlim, Paul Cassirer, 1919), p. 144.

não há dia que não seja de festa, no terrível sentido da ostentação sagrada, da tensão extrema que reside no adorador.

É provável que Benjamin tenha se inspirado nas análises de *A ética protestante*... no que diz respeito às regras metódicas do comportamento do calvinismo/capitalismo, o controle permanente sobre o modo de vida, que se expressa claramente na "avaliação religiosa do *infatigável, constante* e *sistemático* labor vocacional secular"[8].

Sem descanso, trégua ou misericórdia: a idéia de Weber é, por sua vez, retomada quase literalmente por Benjamin. Este não o faz sem ironia, aliás, quando se refere à permanência dos "dias de festa", isso porque os capitalistas puritanos haviam abolido a maior parte dos feriados católicos, considerados um incentivo ao ócio. Na religião capitalista, cada dia testemunha a "ostentação sagrada", ou seja, os rituais da Bolsa e da Usina, enquanto os adoradores acompanham, com angústia e "tensão extrema", a alta ou a queda das ações. As práticas capitalistas não conhecem pausa, dominam a vida dos indivíduos da manhã à noite, da primavera ao inverno, do berço ao túmulo. Como observa Burkhardt Lindner, o excerto toma emprestado de Weber uma concepção de capitalismo como sistema dinâmico, em expansão global, impossível de ser parado e ao qual não se pode escapar[9].

Por fim, o terceiro traço do capitalismo como religião é sua característica culpabilizadora: "O capitalismo é provavelmente o primeiro exemplo de um culto que não é expiatório (*entsühnenden*), mas culpabilizador". Aos olhos de Benjamin, qual seria um exemplo de culto expiatório, oposto então ao espírito da religião capitalista? Uma vez que o cristianismo é considerado no excerto como inseparável do capitalismo, pode ser que se trate do judaísmo, cujo feriado mais importante, como se sabe, é o *Yom Kippur*, costumeiramente chamado de "Dia do Perdão", mas cuja tradução mais fiel seria "Dia da Expiação". Trata-se apenas de uma hipótese, nada no texto aponta para isso.

Benjamin continua seu requisitório contra a religião capitalista:

> O sistema religioso é tragado por um movimento monstruoso. Uma consciência monstruosamente culpada que não sabe expiar, toma conta do culto, não para expiar sua culpabilidade, mas para torná-la universal, para fazer com que entre à força na consciência e, por fim, sobretudo para envolver Deus nessa culpabilidade para que ele mesmo tenha interesse na expiação.

---

[8] Max Weber, *A ética protestante e o espírito do capitalismo* (trad. M. Irene de Q. F. Szmrecsányi e Tamás J. M. K. Szmrecsányi, São Paulo, Pioneira, 1999), p. 123. Grifos meus.

[9] Burkhardt Lindner, "Der 11.9.2001 oder Kapitalismus als Religion", em Nikolaus Müller-Schöll (org.), *Ereignis: Eine fundamentale Kategorie der Zeiterfahrung. Anspruch und Aporien* (Bielefeld, Transcript, 2003), p. 201.

Nesse contexto, Benjamin faz referência ao que ele chama de "ambigüidade demoníaca da palavra *Schuld*" – isto é, ao mesmo tempo "dívida" e "culpabilidade"[10]. De acordo com Lindner, a perspectiva histórica do excerto se fundamenta na premissa de que não se pode separar, no sistema da religião capitalista, a "culpabilidade mítica" e a dívida econômica[11].

Encontram-se em Weber raciocínios análogos, que brincam com os dois sentidos de *dever*: para o burguês puritano, "o que se dedica a fins *pessoais* é *roubado* ao serviço da glória de Deus"; torna-se ao mesmo tempo culpado e "com dívida" em relação a Deus.

> A idéia do dever do homem para com os bens que lhe foram confiados aos quais se subordina como administrador [...] estende-se com seu peso paralisante sobre toda a vida. Quanto maiores as posses, mais pesado será o sentimento de responsabilidade [...] em conservá-las integralmente para a glória de Deus, ou em aumentá-los através de infatigável trabalho.[12]

A expressão de Benjamin "fazer a culpabilidade entrar à força na consciência" corresponde bem às práticas puritanas/capitalistas analisadas por Weber.

Mas me parece que o argumento de Benjamin é mais geral: não é apenas o capitalista que é culpado e está "em dívida" em relação a seu capital. A culpabilidade é universal. Os pobres são culpados porque fracassaram em fazer dinheiro e se endividaram: na medida em que o êxito econômico é, para o calvinista, sinal de eleição e salvação da alma (cf. Max Weber), o pobre é, por definição, um condenado. Não apenas a *Schuld* é universal como se transmite, na época capitalista, de geração a geração; de acordo com um texto de Adam Müller – filósofo social romântico/conservador, crítico implacável do capitalismo – citado por Benjamin na bibliografia,

> a infelicidade econômica, que nas épocas passadas era imediatamente carregada [...] pela geração em questão e fenecia com a morte desta, está atualmente, desde que toda ação e todo comportamento se expressam em ouro, em *massas de dívidas* (*Schuldmassen*) cada dia mais pesadas, que recaem sobre a geração seguinte.[13]

Até mesmo Deus está envolvido nessa culpabilidade geral: se os pobres são culpados e excluídos da graça e se no capitalismo são condenados à exclusão

---

[10] A tradução francesa – *faute* – não é adequada.
[11] Burkhardt Lindner, op. cit., p. 207.
[12] Max Weber, op. cit., p. 122.
[13] Adam Müller, *Zwölf Reden über die Beredsamkeit und deren Verfall in Deutschland* (Warendorf, Hook, [1816] 2003), p. 58.

social, é porque "se trata da vontade de Deus" ou, o que é seu equivalente na religião capitalista, a vontade dos mercados. Evidentemente, se olhamos pela perspectiva dos pobres e dos endividados é Deus o culpado e, com ele, o capitalismo. Em ambos os casos, Deus está inextricavelmente associado ao processo de culpabilização universal.

Até aqui, percebe-se bem o ponto de partida weberiano do excerto, em sua análise do capitalismo moderno como religião oriunda de uma transformação do calvinismo. Mas há um trecho em que Benjamin parece atribuir ao capitalismo uma dimensão transistórica que não é a de Weber – nem a de Marx, aliás.

> O capitalismo se desenvolveu no Ocidente como um parasita sobre o cristianismo – o que se deve demonstrar não apenas em relação ao calvinismo, mas também em relação às correntes ortodoxas do cristianismo – de tal modo que, no fim das contas, a história do cristianismo é essencialmente a de seu parasita, o capitalismo.

Benjamin não faz, de modo algum, essa demonstração, mas cita na bibliografia um livro, *Der Geist der Bürgerlich-Kapitalistischen Gesellschaft* (1914), no qual o autor, um certo Bruno Archibald Fuchs, se esforça – em vão – por demonstrar, em polêmica com Weber, que as origens do mundo capitalista já se encontram no ascetismo das ordens monásticas e na centralização papal da Igreja medieval[14].

O resultado do processo "monstruoso" de culpabilização capitalista é a generalização do *desespero*:

> Está na essência desse movimento religioso, o capitalismo, de persistir até o fim, até a culpabilização completa e final de Deus, até um estado do mundo tomado pelo desespero que a gente ainda *espera*. O que o capitalismo tem de inédito historicamente é que a religião não é mais reforma, mas ruína do ser. O desespero se expandindo ao estado religioso do mundo do qual se deveria esperar a salvação.

Benjamin continua, em referência a Nietzsche: estamos assistindo à "transição do planeta homem, seguindo sua órbita absolutamente solitária, na casa do desespero" (*Haus der Verzweiflung*).

Nessa linha, não estamos longe das últimas páginas de *A ética protestante...*, em que Weber assinala, com um fatalismo resignado, que o capitalismo moderno "determina de maneira violenta o estilo de vida de todo indivíduo nascido sob esse sistema, e não apenas daqueles diretamente atingidos pela aquisição econômica"[15]. Ele

---

[14] Bruno Archibald Fuchs, *Der Geist der Bürgerlich-Kapitalistischen Gesellschaft* (Munique, R. Oldenbourg, 1914), p. 14-8.

[15] Max Weber, op. cit., p. 131.

compara esse constrangimento a uma prisão, em que o sistema de produção racional das mercadorias trancafia os indivíduos:

> De acordo com a opinião de Baxter, preocupações pelos bens materiais somente poderiam vestir os ombros do santo "como um tênue manto, do qual a toda hora se pudesse despir" (*Sich-wichtig-nehmen*). O destino iria fazer com que o manto se transformasse numa prisão de ferro.[16]

Existem diversas interpretações ou traduções da expressão *stahlhartes Gehäuse*: para alguns, seria uma "célula", para outros uma carapaça como a que o caracol carrega sobre as costas. É mais provável, entretanto, que a imagem tenha sido emprestada por Weber à "gaiola de ferro do desespero" do poeta puritano inglês John Bunyan[17].

Haus der Verzweiflung, Stallhartes Gehäuse, Iron Cage of Despair: de Weber a Benjamin encontramo-nos em um mesmo campo semântico, que descreve a impiedosa lógica do sistema capitalista. Mas por que este produz desespero? Podem-se considerar diversas respostas a essa questão:

- O sistema reduz a maioria da humanidade à situação de "condenados da terra", que não podem aguardar a salvação de Deus, estando ele mesmo envolvido em sua exclusão da graça. Culpados de seu próprio destino, não têm o direito à esperança de redenção alguma. O Deus da religião capitalista, o Dinheiro, não tem piedade daqueles que não têm dinheiro...

- O capitalismo é a "ruína do ser", substitui o *ser* pelo *ter*, as qualidades humanas pelas quantidades mercadológicas, as relações humanas pelas monetárias, os valores morais ou culturais pelo único valor que vale, o dinheiro. Esse tema não aparece no excerto, mas é amplamente desenvolvido pelas fontes anticapitalistas, socialistas/românticas, que Benjamin cita em sua bibliografia: Gustav Landauer, Georges Sorel — além de, em um contexto conservador, Adam Müller. Vale ressaltar que o termo utilizado por Benjamin, *Zertrümmerung*, é parecido com o que descreve, na nona tese "Sobre o conceito de história", as ruínas geradas pelo progresso: *Trümmern*.

- A "culpabilidade" dos humanos; seu endividamento em relação ao Capital sendo perpétuo e crescente, nenhuma esperança de expiação é permitida. O capitalista deve constantemente aumentar e ampliar seu capital, sob o

---

[16] Idem.

[17] Cf. Edward Tiryakian, "The Sociological Import of a Metaphor: Tracking the Source of Max Weber's 'Iron Cage'", em Peter Hamilton (ed.), *Max Weber: Critical Assessments* (Londres, Routledge, 1991, v. 1), p. 109-20.

risco de desaparecer diante de seus concorrentes, e o pobre deve pedir empréstimos para pagar suas dívidas.

- De acordo com a religião do capital, a única salvação reside na intensificação do sistema, na expansão capitalista, na acumulação de mercadorias, mas isso só leva a um agravamento do desespero. É o que parece sugerir Benjamin com a fórmula que faz do desespero um estado religioso do mundo "do qual se deveria esperar a salvação".

- O capitalismo, autodefinindo-se como forma natural e necessária da economia moderna, não admite nenhum futuro diferente, nenhuma escapatória, nenhuma alternativa. Sua força é, escreve Weber, "irresistível" – de onde provém o fatalismo pessimista, mas resignado, do sociólogo.

Essas hipóteses não são contraditórias ou auto-excludentes, mas não há indicações explícitas no texto que permitam escolher uma delas. Benjamin parece, entretanto, associar desespero e ausência de escapatória:

A pobreza, a dos monges sem mosteiro, não é uma escapatória espiritual (não material). Um estado que não oferece escapatória é culpabilizador. As "preocupações" são a indicação dessa consciência culpada da ausência de escapatória. As "preocupações" nascem no medo de que não haja escapatória, não material e individual, mas comunitária.

As práticas ascéticas dos monges não são uma escapatória, pois não questionam a dominação da religião do capital. As escapatórias puramente individuais são uma ilusão, e uma escapatória comunitária, coletiva, social, é proibida pela religião do capital.

No entanto, para Benjamin, adversário contumaz da religião capitalista, deve-se encontrar uma escapatória. Ele examina ou inspeciona, brevemente, algumas propostas de "escapatória do capitalismo":

1) Uma reforma da religião capitalista: é impossível, dada sua perversidade sem falha. "Não se deve esperar a expiação nem do próprio culto, nem da reforma dessa religião, pois seria necessário que essa reforma pudesse basear-se em um elemento certo dessa religião, nem de sua abjuração." A abjuração não é uma escapatória, pois é puramente individual: não impede os deuses do capital de continuar exercendo seu poder sobre a sociedade. Quanto à reforma, eis, no livro de Gustav Landauer, o trecho na página seguinte à citada por Benjamin: "O Deus [dinheiro] já se tornou tão poderoso e onipotente que não se pode mais aboli-lo com uma simples reestruturação, com uma reforma da economia mercantil (*Tauschwirtschaft*)"[18].

---

[18] Gustav Landauer, op. cit., p. 145.

2) O super-homem de Nietzsche. Para Benjamin, longe de ser um adversário é:

O primeiro a desenvolver com conhecimento de causa a realização da religião capitalista. [...] O pensamento do super-homem desloca o "salto" apocalíptico, não na conversão, na expiação, na purificação e na contrição, mas em uma intensificação. [...] O super-homem é o homem histórico que chegou sem se converter, que cresceu atravessando o céu. Nietzsche prejulgou essa explosão do céu provocada pela intensificação do humano, que é e permanece, do ponto de vista religioso (até mesmo para Nietzsche), culpabilidade.[19]

Como interpretar esse parágrafo razoavelmente obscuro? Uma leitura possível seria a seguinte: o super-homem não faz mais do que intensificar a *hybris*, o culto do poder e a expansão infinita da religião capitalista; não questiona a culpabilidade e o desespero dos humanos, abandona-os a sua própria sorte. É ainda uma tentativa de indivíduos que se querem excepcionais, ou de uma elite aristocrática, de sair do círculo de ferro da religião capitalista, mas que não faz mais do que reproduzir a lógica desta. (É apenas uma hipótese, pois, confesso, essa crítica a Nietzsche segue misteriosa para mim...)

3) O socialismo de Marx: "em Marx, o capitalismo que não se converte torna-se socialismo por interesse e interesse composto que são função de sua *falta* (conferir a ambigüidade demoníaca dessa palavra)". É verdadeiro que Benjamin, nessa época, não conhecia muito a obra de Marx. Retoma provavelmente as críticas de Gustav Landauer ao marxismo, que este acusa de querer estabelecer um tipo de *Kapitalsozialismus*: para Marx, de acordo com o pensador anarquista, "o capitalismo desenvolve integralmente [*ganz und gar*] o socialismo a partir de si, o modo de produção socialista 'desabrocha' [*entblüht*] a partir do capitalismo", notadamente pela centralização da produção e do crédito[20]. Mas não fica claro ao que faz referência, no excerto, a "falta", aliás *Schuld*, ou seja, ao mesmo tempo "dívida" e "culpabilidade". De qualquer modo, para Benjamin o socialismo marxiano permanece preso às categorias da religião capitalista e não representa uma escapatória. Como sabemos, ele vai mudar consideravelmente de opinião sobre esse assunto a partir de 1924, após a leitura de *História e consciência de classe*, de Georg Lukács.

4) Erich Unger e a saída para fora do capitalismo: "Dépassement du capitalisme par la marche à pied. Unger, *Politik und Metaphysik*, p. 44"[*]. O termo

---

[19] Corrigi a tradução brasileira com o original alemão: *Gesammelte Schriften*, cit., p. 102.

[20] Gustav Landauer, op. cit., p. 42.

[*] Em francês: "Ultrapassagem do capitalismo pela caminhada a pé. Unger, *Politik und Metaphysik*, p. 44". (N. T.)

O CAPITALISMO COMO RELIGIÃO: WALTER BENJAMIN E MAX WEBER
187

Wanderung gera confusão e a tradução francesa, literal demais, é inadequada. De fato, não se trata de "marche à pied" mas de migração ou deslocamento. Unger escreve *Wanderung der Völker*, migração dos povos. Eis o que ele afirmou na página 44 do livro citado por Benjamin:

Há apenas uma escolha lógica: seja o tráfico em fricção, seja a migração dos povos. [...] O ataque contra o "sistema capitalista" está eternamente destinado ao fracasso nos locais de sua validade [...]. Para poder realizar algo contra o capitalismo, é indispensável, antes de mais nada, abandonar (*heraustreten*) sua esfera de eficiência (*Wirkungsbereich*), pois, dentro dela, ele é capaz de absorver qualquer ação contrária. [21]

Trata-se, completamente, de substituir a guerra civil pela *Völkerwanderung*.

Sabe-se que Benjamin tinha simpatia pelas idéias "anárquicas metafísicas" de Unger e que o menciona de modo positivo em sua correspondência com Scholem. Porém, não sabemos se ele considerava essa "saída para fora da esfera capitalista" uma escapatória válida. O excerto não nos dá qualquer informação a esse respeito[22].

5) O socialismo libertário de Landauer, autor de *Aufruf zum Sozialismus*. Na página seguinte da citada por Benjamin no excerto, o pensador anarquista escreve:

O socialismo é volta [ou conversão – *Umkehr*]; o socialismo é um novo começo; o socialismo é uma restauração do vínculo [*Wiederanschluss*] com a natureza, uma re-infusão do espírito, uma reconquista da relação. [...] Os socialistas querem, portanto, juntar-se mais uma vez em comunas [*Gemeinden*] [...].[23]

O termo utilizado por Landauer – *Umkehr* – é exatamente o que Benjamin emprega para criticar Nietzsche – do qual o super-homem rejeita "a conversão, a expiação" (*Umkehr, Sühne*) e chega ao Céu sem se converter (*Umkehr*) – e Marx, cujo socialismo não é mais do que "capitalismo que não se converte (*nicht umkehrende*)". Pode-se supor – talvez – que o socialismo de Landauer, envolvendo um tipo de "conversão" ou "retorno" – à natureza, às relações humanas, à vida comunitária – é a porta de escapatória da "casa do desespero" construída pela religião capitalista. Landauer não estava longe de acreditar, como Erich Unger, que era necessário abandonar a esfera da dominação capitalista para criar, no

---

[21] Erich Unger, *Politik und Metaphysik* (org. Von Mangred Voigt, Würzburg, Könnigshausen & Neumann, [1921] 1989), p. 44.

[22] De acordo com Joachim von Soosten, enquanto Unger procura uma saída para fora do capitalismo no *espaço*, Benjamin pensa em termos escatológicos *temporais*. Cf. "Schwarzer Freitag: die Diabolik der Erlösung und die Symbolik des Geldes", em Dirk Baecker (org.), *Kapitalismus als Religion* (Berlim, Kadmos, 2003), p. 297.

[23] Gustaf Landauer, op. cit., p. 145.

campo, comunas socialistas. Mas isso não era contraditório, em sua visão, com a perspectiva da revolução social: pouco depois da publicação do livro, ele participa, como comissário do povo para a educação, da efêmera República dos Conselhos de Munique (1919) – um engajamento corajoso que o levará à morte.

Num interessante comentário sobre o conceito de *Umkehr* no excerto de Benjamin, Nobert Bolz o interpreta como uma resposta ao argumento de Weber: o capitalismo como destino inelutável. Para Benjamin, *Umkehr* significaria ao mesmo tempo interrupção da história, Metanoia, expiação, purificação e... revolução[24].

Evidentemente, não são mais do que suposições, já que o próprio excerto não indica qualquer escapatória e se contenta em analisar, com horror e patente hostilidade, a lógica impiedosa e "monstruosa" da religião do capital.

Nos escritos de Benjamin dos anos 1930, notadamente em *Passagenwerk*, a problemática do capitalismo como religião será substituída pela crítica do fetichismo da mercadoria e do capital como estrutura mítica. Podem-se, sem dúvida, mostrar as afinidades entre as duas linhas – por exemplo, na referência a aspectos religiosos do sistema capitalista –, mas as diferenças não são menos evidentes: o quadro teórico tornou-se o do marxismo.

A problemática de Weber também parece desaparecer do campo teórico construído por Benjamin; porém, nas teses "Sobre o conceito de história", encontra-se uma última referência, implícita mas identificável, às teses weberianas. Na Tese XI, quando critica o culto do trabalho industrial na socialdemocracia alemã, Benjamin escreve: "A velha moral protestante do obrar (*protestantische Werkmoral*) celebrava, em forma secularizada, a sua ressurreição entre os operários alemães"[25].

Inspirado por Max Weber, mas indo muito além dos argumentos do sociólogo, o excerto de 1921 de Benjamin pertence a uma linhagem do que se poderia chamar de *leituras anticapitalistas de Weber*. Trata-se, num sentido amplo, de um "desvio": a atitude de Weber em relação ao capitalismo não ia além de uma certa ambivalência, mistura de "neutralidade axiológica", pessimismo e resignação. No entanto, alguns de seus "discípulos" infiéis vão usar os argumentos de *A ética protestante...* para desenvolver um anticapitalismo virulento, de inspiração socialista/romântica.

O primeiro dessa linhagem é Ernst Bloch, que fez parte, nos anos 1912-1914, do círculo de amigos de Weber e Heidelberg. Como foi visto, Bloch "inventou", em seu *Thomas Münzer* de 1921, a expressão "capitalismo como religião

---

[24] Norbert Bolz, "Der Kapitalismus – eine Erfindung von Theologen?", em Dierk Baecker (org.), *Kapitalismus als Religion*, cit., p. 205.

[25] Walter Benjamin apud Michael Löwy, *Walter Benjamin: aviso de incêndio – uma leitura das teses "Sobre o conceito de história"* (São Paulo, Boitempo, 2005), p. 100.

O CAPITALISMO COMO RELIGIÃO: WALTER BENJAMIN E MAX WEBER 189

(*Kapitalismus als religion*)"[26], cuja responsabilidade atribuiu ao calvinismo. A testemunha convocada para comprovar essa acusação não é outra senão... Max Weber. Nos discípulos de Calvino:

> graças ao dever abstrato de trabalhar, a produção progride de modo áspero e sistemático; o ideal de pobreza, aplicado por Calvino apenas ao *consumo*, contribui para a formação do capital. A obrigação da poupança se impõe à riqueza, esta sendo concebida como um total abstrato que basta a si mesma e que, por ela mesma, exige seu crescimento. [...] Como mostrou brilhantemente Max Weber, a economia capitalista em vias de desenvolvimento se encontra totalmente libertada, desprendida, desimpedida de todos os escrúpulos do cristianismo primitivo e também do que a ideologia econômica da Idade Média mantinha ainda de relativamente cristão.[27]

A análise "livre de julgamento de valor" de Weber sobre o papel do calvinismo no êxito do espírito do capitalismo se torna, na leitura do marxista fascinado pelo catolicismo que é Bloch, uma crítica feroz ao capitalismo e a suas origens protestantes. Como vimos, Benjamin certamente se inspirou nesse texto, sem por isso partilhar da simpatia de Bloch pelos "escrúpulos do cristianismo primitivo" ou o momento "relativamente cristão" da ideologia econômica do catolicismo medieval.

Encontram-se também em alguns trechos de *História e consciência de classe*, de Lukács, citações de Weber que sustentam sua crítica da reificação capitalista. Alguns anos depois, foi a vez do freudo-marxista Erich Fromm, que, num ensaio de 1932, faz referências a Weber e Sombart para denunciar a responsabilidade do calvinismo na destruição da idéia do direito à felicidade, típica das sociedades pré-capitalistas – como a cultura católica medieval – e sua substituição por normas éticas burguesas: o dever de trabalhar, de adquirir e de poupar[28].

O excerto de Benjamin, de 1921, é então uma dessas leituras "criativas" – todas obras de pensadores judeus/alemães de inspiração romântica – que usam os trabalhos sociológicos de Weber, especialmente *A ética protestante...*, como munição para organizar um ataque consistente contra o sistema capitalista, seus valores, suas práticas e sua "religião".

PS: Seria interessante comparar "O capitalismo como religião" de Benjamin com os trabalhos de teólogos da Libertação latino-americanos que, sem conhecer o

---

[26] Ernst Bloch, *Thomas Münzer, théologien de la révolution* (Paris, 10/18, 1970), p. 182-3.

[27] Ibidem, p. 176-7.

[28] Cf. Erich Fromm, "Die psychoanalytische Charakterologie und ihre Bedeutung für die Sozialpsychologie" [1932] em *Gesamtausgabe* (Stuttgart, Deutsche Verlag-Anstalt, 1980, v. I), p. 59-77.

excerto de 1921, desenvolveram, a partir dos anos 1980, uma crítica radical do capitalismo como religião idólatra. Assim, de acordo com Hugo Assmann, é na teologia implícita do próprio paradigma econômico e na prática devocionista fetichista cotidiana que se manifesta a "religião econômica" capitalista. Os conceitos explicitamente religiosos que se encontram na literatura do "cristianismo de mercado" – por exemplo, nos escritos das correntes neoconservadoras – só têm uma função complementar. A teologia do mercado, de Malthus ao último documento do Banco Mundial, é ferozmente sacrifical: exige dos pobres que ofereçam suas vidas no altar dos ídolos econômicos[29].

As analogias – assim como as diferenças – com as idéias de Benjamin são evidentes. Mas isso nos distanciaria demais do tema desta apresentação.

---

[29] Hugo Assmann e Franz Hinkelammert, *A idolatria do mercado: ensaio sobre economia e teologia* (São Paulo, Vozes, 1989), p. 174-5, 321 e 331.

SOBRE MICHAEL LÖWY

MICHAEL LÖWY nasceu na cidade de São Paulo em 1938, filho de imigrantes judeus de Viena. Licenciou-se em Ciências Sociais na Universidade de São Paulo em 1960 e doutorou-se na Sorbonne, sob a orientação de Lucien Goldmann, em 1964. Vive em Paris desde 1969, onde trabalha como diretor de pesquisas no CNRS (Centre National de la Recherche Scientifique) e dirige um seminário na École des Hautes Études en Sciences Sociales. Considerado um dos maiores pesquisadores das obras de Karl Marx, Leon Trotski, Rosa Luxemburgo, Georg Lukács, Lucien Goldmann e Walter Benjamin, tornou-se referência teórica para militantes revolucionários de toda a América Latina. Foi homenageado, em 1994, com a medalha de prata do CNRS em Ciências Sociais. É autor de livros e artigos traduzidos em 25 línguas.

Principais publicações disponíveis no Brasil:

Para uma sociologia dos intelectuais revolucionários
São Paulo, Ciências Humanas, 1979

Ideologias e ciência social: elementos para uma análise marxista
São Paulo, Cortez, 1985

Método dialético e teoria política
Rio de Janeiro, Paz e Terra, 1985

Redenção e utopia: o judaismo libertário na Europa central
São Paulo, Companhia das Letras, 1989

Romantismo e messianismo
São Paulo, Perspectiva/Edusp, 1990

Marxismo e Teologia da Libertação
São Paulo, Cortez, 1991

Romantismo e política
(com Robert Sayre) Rio de Janeiro, Paz e Terra, 1993

As aventuras de Karl Marx contra o barão de Münchhausen
São Paulo, Cortez, 1994

Revolta e melancolia: o romantismo na contramão da modernidade
(com Robert Sayre) Petrópolis, Vozes, 1995

A evolução política de Lukács: 1909-1929
São Paulo, Cortez, 1998

O pensamento de Che Guevara
São Paulo, Expressão Popular, 1999

O marxismo na América Latina: uma antologia de 1909 aos dias atuais
São Paulo, Fundação Perseu Abramo, 1999

A guerra dos deuses: religião e política na América Latina
Petrópolis, Vozes, 2000 (Prêmio Sérgio Buarque de Holanda – categoria ensaio, concedido pelo Ministério da Cultura)

A estrela da manhã: surrealismo e marxismo
Rio de Janeiro, Civilização Brasileira, 2002

A teoria da revolução no jovem Marx
Petrópolis, Vozes, 2002

Ecologia e socialismo
São Paulo, Cortez, 2005

Walter Benjamin: aviso de incêndio – uma leitura das teses "Sobre o conceito de história"
São Paulo, Boitempo, 2005

Franz Kafka: sonhador insubmisso
Rio de Janeiro, Azougue, 2005

Goldmann ou a dialética da totalidade
(com Sami Naïr) São Paulo, Boitempo, no prelo

SOBRE OS AUTORES E OS ORGANIZADORES

ALFREDO BOSI é professor do Departamento de Letras da Universidade de São Paulo (USP), membro da Academia Brasileira de Letras e editor da *Revista Estudos Avançados*. É autor, entre outros livros, de *Céu, inferno* (Editora 34, 2003) e *História concisa da literatura brasileira* (Cultrix, 2003).

CARLOS NELSON COUTINHO é professor de Teoria Política na Universidade Federal do Rio de Janeiro (UFRJ). Organizou a edição brasileira de *Cadernos do cárcere*, de Antonio Gramsci, pela editora Civilização Brasileira e, entre outras obras, escreveu *Contra a corrente: ensaios sobre democracia e socialismo* (Cortez, 2000).

EMIR SADER é professor da Faculdade de Filosofia, Letras e Ciências Humanas da Universidade de São Paulo (FFLCH-USP), coordenador do Laboratório de Políticas Públicas da Universidade Estadual do Rio de Janeiro (LPP-Uerj) e secretário-executivo do Conselho Latino-Americano de Ciências Sociais (Clacso). Integra o Comitê de Redação da revista *Margem Esquerda – Ensaios Marxistas*. É autor, entre outros livros, de *A vingança da História* (Boitempo, 2003).

FLÁVIO AGUIAR é professor de Literatura Brasileira na Universidade de São Paulo e editor-chefe da Agência Carta Maior. Escreveu, entre outros livros, *Anita* (Boitempo, 1999).

ISABEL LOUREIRO é professora do Departamento de Filosofia da Universidade Estadual Paulista (Unesp) e presidente da Fundação Rosa Luxemburgo no Brasil. Publicou, entre outros livros, *Rosa Luxemburg: dilemas da ação revolucionária* (Unesp/Perseu Abramo, 2004).

IVANA JINKINGS é editora da Boitempo e da revista *Margem Esquerda – Ensaios Marxistas*. É co-autora de *Edward Said: trabalho intelectual e crítica social* (Casa Amarela, 2005) e co-organizadora de *Latinoamericana: enciclopédia contemporânea da América Latina e do Caribe* (Boitempo, 2006).

JOÃO ALEXANDRE PESCHANSKI é editor da Boitempo e integra o Comitê de Redação da revista *Margem Esquerda – Ensaios Marxistas*. Mestrando em Ciência Política pela Universidade de São Paulo, trabalhou como editor do semanário *Brasil de Fato*.

LEONARDO BOFF é doutor em Teologia e Filosofia pela Universidade de Munique e doutor *honoris causa* pelas universidades de Turim e Lund. É professor de Ética, Filosofia da Religião e Ecologia na Universidade Estadual do Rio de Janeiro e autor de extensa bibliografia, incluindo *O caminhar da Igreja com os oprimidos* (Vozes, 1999).

LUIZ EDUARDO WANDERLEY é professor de Sociologia da Pontifícia Universidade Católica de São Paulo (PUC-SP), da qual foi reitor entre 1984 e 1988. Publicou, entre outros livros, *O que é universidade* (Brasiliense, 1991) e organizou, com Tullo Vigevani, *Governos subnacionais e sociedade civil: integração regional e Mercosul* (Educ/Unesp/Fapesp, 2005).

MARCELO RIDENTI é professor do Instituto de Filosofia e Ciências Humanas da Universidade Estadual de Campinas (Unicamp) e autor de diversos livros, entre eles *O fantasma da revolução brasileira* (Unesp, 1993).

MARIA ELISA CEVASCO é professora da Faculdade de Filosofia, Letras e Ciências Humanas da Universidade de São Paulo. Publicou, entre outras obras, *Para ler Raymond Williams* (Paz e Terra, 2001) e *Dez lições sobre estudos culturais* (Boitempo, 2003).

MARIA ORLANDA PINASSI é professora do Departamento de Sociologia da Universidade Estadual Paulista e membro do Comitê de Redação da revista *Margem Esquerda – Ensaios Marxistas*. É autora do livro *Três devotos, uma fé, nenhum milagre* (Unesp, 1998).

OLGÁRIA MATOS é professora do Departamento de Filosofia da Universidade de São Paulo e autora dos livros *O iluminismo visionário: W. Benjamin, leitor de Descartes e Kant* (Brasiliense, 1999) e *Discretas esperanças* (Nova Alexandria, 2006).

OSVALDO COGGIOLA é professor do Departamento de História da Universidade de São Paulo e autor dos livros *Governo Lula, da esperança à realidade* (Xamã, 2004) e *Socialismo e comunismo na América Latina* (LP&M, 2006).

SOBRE OS AUTORES E OS ORGANIZADORES

RAYMOND WILLIAMS nasceu em 1921 em Pandy, no País de Gales. Foi professor de teatro e crítico cultural. Escreveu, entre diversos livros, *Palavras-chave: um vocabulário de cultura e sociedade* (Boitempo, 2007).

RICARDO ANTUNES é professor de Sociologia do Instituto de Filosofia e Ciências Humanas da Universidade Estadual de Campinas e membro do Comitê de Redação da revista *Margem Esquerda – Ensaios Marxistas*. Autor, entre outras obras, de *O caracol e sua concha: ensaios sobre a nova morfologia do trabalho* (2005) e organizador de *Riqueza e miséria do trabalho no Brasil* (2006), ambas publicadas pela Boitempo.

ROBERTO SCHWARZ é professor do Departamento de Letras da Universidade de São Paulo e autor dos livros *Um mestre na periferia do capitalismo* (2000) e *Ao vencedor as batatas* (2000), ambos publicados em co-edição pela Editora 34 e pela Duas Cidades.

VALÉRIO ARCARY é professor do Centro Federal de Educação de São Paulo. Cursou sociologia na Universidade de Paris X, doutorou-se em História pela Universidade de São Paulo e publicou, entre outros, *As esquinas perigosas da história: situações revolucionárias em perspectiva marxista* (Xamã, 2004).

WOLFGANG LEO MAAR é professor titular de Filosofia da Universidade Federal de São Carlos (UFSCar) e autor, entre outras obras, de *O que é política* (Brasiliense, 1982).

ZILDA MÁRCIA GRÍCOLI IOKOI é professora do Departamento de História da Universidade de São Paulo e coordenadora, na mesma instituição, do Laboratório de Estudos sobre a Intolerância. Publicou, entre outros livros, *Intolerância e resistência: a saga dos judeus comunistas entre a Polônia, a Palestina e o Brasil (1935-1975)* (Humanitas, 2004).

OUTROS LANÇAMENTOS DA BOITEMPO EDITORIAL

📖 ENSAIOS

Adam Smith em Pequim (no prelo)
Giovanni Arrighi
Tradução de Beatriz Medina

O ano I da Revolução
Victor Serge
Tradução de Lólio Lourenço de Oliveira
Apresentação de David Renton
Orelha de Daniel Bensaïd

A Revolução de Outubro
Leon Trotski
Tradução de Daniela Jinkings
Orelha de Emir Sader

O universalismo europeu
Immanuel Wallerstein
Tradução de Beatriz Medina
Apresentação de Luiz Alberto Moniz Bandeira

Palavras-chave – um vocabulário de cultura e sociedade
Raymond Williams
Prefácio de Maria Elisa Cevasco
Tradução de Sandra Guardini Vasconcelos

São Paulo cidade global – fundamentos financeiros de uma miragem
Mariana Fix
Prefácio de Flávio Villaça
Orelha de Francisco de Oliveira

Planeta Favela
Mike Davis
Posfácio de Erminia Maricato
Ensaio fotográfico de André Cypriano
Tradução de Beatriz Medina

Caparaó – a primeira guerrilha contra a ditadura
José Caldas da Costa
Prefácio de Carlos Heitor Cony

Renovar a teoria crítica e reinventar a emancipação social
Boaventura de Sousa Santos
Prefácio de Gaudêncio Frigotto
Orelha de Cândido Grzybowski

Fidel Castro – biografia a duas vozes
Ignacio Ramonet
Apresentação de Fernando Morais
Tradução de Emir Sader

📖 COLEÇÃO MARX/ENGELS

A ideologia alemã (no prelo)
Karl Marx e **Friedrich Engels**
Tradução de Rubens Enderle, Nélio Schneider e Luciano C. Martorano
Supervisão editorial de Leandro Konder
Introdução de Emir Sader

A situação da classe trabalhadora na Inglaterra (no prelo)
Friedrich Engels
Tradução de B. A. Schumann
Introdução e supervisão editorial de José Paulo Netto

📖 COLEÇÃO MARXISMO E LITERATURA
Coordenação de **Leandro Konder**

Profanações
Giorgio Agamben
Tradução e apresentação de Selvino J. Assmann
Orelha de Olgária Matos

Sobre o amor
Leandro Konder
Orelha de Flávio Aguiar

📖 COLEÇÃO PAULICÉIA
Coordenação de **Emir Sader**

Meu velho Centro
Heródoto Barbeiro
Prefácio de Mílton Jung
Orelha de Danilo Santos de Miranda
Ensaio fotográfico de Ricardo Hara

A hora futurista que passou e outros escritos
Mário Guastini
Seleção, apresentação e notas de Nelson Schapochnik

📖 COLEÇÃO MUNDO DO TRABALHO
Coordenação de **Ricardo Antunes**

O desafio e o fardo do tempo histórico (no prelo)
István Mészáros
Tradução de Ana e Vera Aguiar Cotrim
Apresentação de John Bellamy Foster

A perda da razão social do trabalho
Graça Druck e **Tânia Franco** (orgs.)
Orelha de Helena Hirata

A teoria da alienação em Marx
István Mészáros
Tradução de Isa Tavares
Apresentação de Maria Orlanda Pinassi

📖 COLEÇÃO ESTADO DE SÍTIO
Coordenação de **Paulo Arantes**

O poder global
José Luís Fiori
Orelha de Tariq Ali

A era da indeterminação
Francisco de Oliveira e **Cibele Saliba Rizek** (orgs.)
Orelha de Paulo Arantes

Extinção
Paulo Arantes
Prefácio de Laymert Garcia dos Santos
Orelha de Michael Löwy

📖 CLÁSSSICOS BOITEMPO

Os deuses têm sede
Anatole France
Prefácio de Marcelo Coelho
Tradução de Daniela Jinkings e Cristina Murachco

O tacão de ferro
Jack London
Prefácio de Anatole France
Posfácio de Leon Trotski
Tradução de Afonso Teixeira Filho

Eu vi um novo mundo nascer
John Reed
Tradução e apresentação de Luiz Bernardo Pericás

Napoleão
Stendhal
Prefácio de Renato Janine Ribeiro

Esta obra foi composta em California, texto
em corpo 10,5/14,5 e impressa na gráfica
Assahi em papel pólen soft 80 g/m²
para a Boitempo Editorial em outubro
de 2007, com tiragem de 2.000 exemplares.